劳动与社会保障博士文库

解雇权限制研究

Research on Restrictions of Dismissal Right

李国庆 著

Research on Restrictions of Dismissal Right

Research on Restrictions of Dismissal Right
Research on Restrictions of Dismissal Right

中国劳动社会保障出版社

图书在版编目(CIP)数据

解雇权限制研究/李国庆著．—北京：中国劳动社会保障出版社，2011

ISBN 978-7-5045-9266-8

Ⅰ．①解…　Ⅱ．①李…　Ⅲ．①解雇-劳动争议-劳动法-研究-中国　Ⅳ．①D922．591．4

中国版本图书馆 CIP 数据核字(2011)第 181856 号

中国劳动社会保障出版社出版发行

（北京市惠新东街 1 号　邮政编码：100029）

出 版 人：张梦欣

*

北京隆昌伟业印刷有限公司印刷装订　新华书店经销

880 毫米×1230 毫米　32 开本　6.75 印张　178 千字

2011 年 8 月第 1 版　2011 年 8 月第 1 次印刷

定价：20.00 元

读者服务部电话：010－64929211/64921644/84643933

发行部电话：010－64961894

出版社网址：http://www.class.com.cn

序

解雇权限制，也称解雇保护，是劳动合同法中的核心问题之一。解雇自由与解雇保护是此消彼长的两个范畴，如果将两者作为两个极端，那么任何一个国家的解雇保护制度都是在两者之间选择一个平衡点。在我国，对劳动者的解雇保护历来受到重视，这也是将劳动关系的调整归为社会法的重要原因。我国《劳动合同法》在对解雇制度进行改造的过程中所出现的争议，反映出劳动法学界对于我国劳动法解雇保护水平的高低存在巨大的认识差异。本书选取这个题目所进行的分析，无疑对于认识中国解雇保护的程度，进而认识中国劳动法制的现状都大有裨益。

本书在分析了我国的劳动合同解除、劳动合同终止概念的基础上，指出解雇权限制的法理基础在于劳动者的生存权。以解雇权限制的两种典型模式作为切入点，作者深入地分析了我国解雇权限制的三个维度：解雇事由、解雇程序和解雇待遇，并从比较法的视角对相关制度内容进行了法条的整理和剖析。本书最后落脚于解雇保护与劳动合同期限之间的关系，提出应区分固定期限和无固定期限劳动合同的不同功能来对我国的解雇权限制体系进行改造的观点。

本书在对我国解雇权限制问题进行论述的过程中，将解雇保护的多个要素与多个国家的相关内容进行对接，横向地分析了我国解雇保护中的既存问题。例如，将芭芭拉案置于不同国家的法域下进行裁判猜想，以此论证我国解雇权限制的水平之高，就极具创新性。

本书的作者李国庆是我所指导的博士研究生。作者将解雇权限制研究作为他的博士论文选题，并以优秀的成绩通过了 2010 年夏天的博士论文答辩。本书是在其博士论文《解雇权限制研究》的基础上修改完成的。在华东政法大学三年的博士学习期间，作者不仅钻研于劳动法学的基础理论研究，还参与了很多劳动法的实践活动。因此，这本书中所涉及的诸多与解雇保护相关的问题，不仅仅是法律规范的理论分析，还有很多劳动法律适用中的实际问题。这些实际问题的提出和解答，也正是目前中国劳动法学界最迫切需要思考的。虽然书中的个别观点，本人并不完全赞同，但作者对于劳动法学深入思考、锐意进取的精神依然值得赞许。

作为国内对于解雇保护问题的一个前沿性的研究成果，本书具有一定的学术价值。希望这本书的出版发行对于我国劳动法学的研究在更切合中国实际道路上的迈进会有一个推动。

是为序。

董保华

华东政法大学教授、博士生导师

2011 年 5 月

目　　录

导　言

一、论题的缘起

对于一个在现代社会生存的个体而言，工作的重要意义不仅在于获得一份稳定的收入以维系生活，更重要的是在于个人可以借此实现社会参与。“工作安全对于完全的社会参与至关重要，在工作与尊严之间有着一种强烈的联系。”① 当劳动关系无法继续存续，劳动者将丧失赖以生存的基础，并损及社会尊严。作为经营者的雇主，出于人力资源的调配、经营规模的限缩、对员工的惩戒抑或遭遇不可抗力等原因，会对员工实施解雇。若任由雇主恣意行使解雇权，将使劳动者陷入生存威胁的不利益状态之中。

“资本和劳动的关系，是我们全部现代社会体系所围绕旋转的轴心。”② 伴随工业化进程的加快，中国在分享全人类经济成果的同时也正经历着“全球化”所带来的阵痛。面对世界劳动关系的弹性化和去管制化的发展趋势，转型期的中国劳动法制也陷入了结构性失业浪潮与劳资关系纠纷日益剧增的包围之中。虽然存在统计失业率与调查

① Jacquelin Mackinnon. Dismissal Protections in A Global Market：Lessons to Be Learned From Serco Ltd v Lawson. Industrial Law Journal，vol. 38，March，2009，p101

② 中共中央马克思恩格斯列宁斯大林著作编译局. 马克思恩格斯选集（第二卷）. 北京：人民出版社，1995. 589

失业率之争[①]，中国失业人口的急剧攀升已是无法回避的事实。与此同时，在急剧走高的劳动争议案件数量中，涉及劳动合同解除的案件比重也在增长。统计数据显示，2006 年劳动合同解除案件占劳动争议立案数量的比例已经逼近 20%[②]。就业问题与劳动者的解雇问题，作为进出劳动力市场的两个枢纽，互相制衡又互相影响。因此，对劳动者的工作权保护不仅牵扯劳动者与用人单位的根本利益，也与国家社会政策目标的实现息息相关。

2007 年颁布的《劳动合同法》，以促进劳动关系长期化与稳定化为基调，希望通过强化对劳动者的解雇保护来化解和调和劳资之间的对立、冲突，进而追求和谐劳动关系的建构。劳动关系本质上反映的是劳动与资本之间的利益分配关系，是一个不断变化的矛盾过程。劳动者的生存权保障虽然提供了国家力量介入劳动关系“退出机制”的正当性基础，但刚性立法对解雇权的过度抑制，也会产生对劳动关系流动性的破坏。在《劳动合同法》所引发的若干争议之中，核心焦点之一就在于如何把握劳动关系稳定性与流动性之间的“度”。以此标准来审视《劳动合同法》对我国解雇制度的重塑，解雇权配置的失当使核心矛盾并没有得到足够释放，人力资源管理空间的压缩甚至使用人单位在一些领域开始转向更加具有柔性和弹性的用工形式，以架空《劳动合同法》的刚性约束。从立法要达到的社会效果分析，《劳动合同法》在解雇权限制的若干制度设计方面，确实有检讨之必要。

“强资本、弱劳工”是劳动法的研究起点，对劳动者的倾斜保护自然也成为劳动法制对不均衡劳动关系的一种积极回应。在民事契约中，当事人地位的平等性使其没有为了他人利益的实现而使自身意志受到限制的必要，依自由意愿而实施的合同解除在一定程度上成为一

① 人力资源社会保障部公布的 2008 年的登记失业率为 4.2%，但社会科学院同期所做的调查失业率达到 9.4%，这引起了公众对于我国登记失业率反映真实失业状况的广泛质疑。

② 张彦宁，陈兰通. 2007 中国企业劳动关系状况报告. 北京：企业管理出版社，2007. 108

个合理行为。然而将这种理论逻辑转换适用于劳动合同，则明显偏离了社会正义的路径，因为劳动契约本身缺乏民事契约所具有的主体平等性。“建立在交易的一般道德基础之上的合同规则在劳动关系中的奉行恰恰导致了劳动关系中道德的沦丧和正义的泯灭。”[①] 从倾斜保护劳动者利益的角度出发，在劳动契约的单方解除中向用人单位施加解雇事由、解雇程序以及解雇待遇的限制，使个别劳动关系的解雇行为融入了社会法的因子，而解雇法制与劳动市场体系以及整个经济体系所产生的联系使其身上所负载的社会利益被进一步放量扩大。因此，解雇权限制研究所具有的意义，不仅在于对劳动者生存权与用人单位用工自由权冲突的一种调和，更是对和谐社会劳动关系建构的一种理性思考。

本书所论述的解雇，在中国劳动法语境中，意为雇主与劳动者解除劳动合同所为之意思表示的单方法律行为，而解雇权则为雇主享有的单方面解除与劳动者劳动合同的权利。解雇权的限制，在劳动法上多称之为“解雇保护”，“解雇保护”与“解雇权限制”实为一枚硬币之两面。本书论题之所以舍“解雇保护”而取“解雇权限制”之称谓，一方面在于从“解雇权”的权利角度阐释法理之便利，另一方面在于“解雇”一词本身就是雇主的一种积极法律行为，使用“解雇权限制”更符合法学语言的规范性。当然，在文中多数的语境下，两者的使用并无本质差异。另外，文中所言之“雇主”，是西方劳动法普遍所采用的概念，在我国称为“用人单位”；同理，“雇员”“员工”“劳工”“劳动者”也仅仅是表述方式的不同而已。

二、解雇权限制的研究现状

（一）国内有关解雇权限制的研究综述

我国学者对于解雇权限制问题进行过较为系统的论述。对于《劳动法》时代的解雇保护水平高低问题，我国劳动法学界从劳动基准角

① 曹燕．和谐劳动关系法律机制研究——对我国劳动法律制度功能的反思．北京：中国法制出版社，2008．122

度进行过讨论，形成了“低标准说”与“高标准说”两种截然不同的观点。对解雇权限制水平的不同认识，直接影响了我国劳动法学界对解雇权重构的整体思路。在某种程度上，学界对《劳动合同法》颁布后解雇制度改造内容的争论是原解雇保护水平高低之争的一种继续。学者对解雇权限制的论述主要集中在解雇保护的理论分析、解雇权限制与劳动合同期限的联系、即时解雇与预告解雇的改进、禁止解雇条款、经济补偿金的定性与适用、违法解雇赔偿等内容上。

常凯教授从劳权本位的角度出发，认为生存权优位应当是社会法的一个基本理念。[①]“国家对劳动关系的干预，贯穿于劳动关系运行的全过程。”[②] 劳动法对于雇主而言，更多的是限制而不是保护。“劳动合同法的‘解雇限制’原则即是保护劳动者的就业权。”[③]

董保华教授认为中国劳动关系的平衡点应放在“低标准、广覆盖、严执法”上，不宜提倡公权力全面介入劳动关系。[④] 我国的解雇保护制度应调整无因解雇、有因解雇，建立非法解雇和不公平解雇制度，对解雇原因进行“原则性、概括性和程序性”的规定。[⑤] 劳动合同法通过强制续签制度、禁止约定终止条件制度、收紧法定解除制度“三管齐下”，全面推高了解雇保护的标准，应当对两种期限的劳动合同进行双向改革，使其成为与市场联系的两种用工形式。[⑥]

王全兴教授认为职业安定权是从业劳动者保持就业稳定的权利，主要包括追求劳动合同长期化、免受不公正辞退等内容。它主要以社会安全为依据和归属，要求国家保障就业稳定，体现劳动关系的稳定

---

① 常凯．关于劳动合同立法的几个基本问题．当代法学，2006（6）

② 常凯．论政府在劳动法律关系中的主体地位和作用．中国劳动，2004（12）

③ 常凯．论劳动合同法的立法依据和法律定位．法学论坛，2008（2）

④ 董保华．锦上添花抑或雪中送炭——析《中华人民共和国劳动合同法（草案）》的基本定位．法商研究，2006（3）

⑤ 董保华．劳动合同研究．北京：中国劳动社会保障出版社，2005．248～249

⑥ 董保华．论我国无固定期限劳动合同．法商研究，2007（6）

性。[1]《劳动合同法》较之《劳动法》，在劳动关系的“出口”方面明显加宽，对禁止性解雇条款的规定具有正当性，解雇权限制方面的新规定不会阻碍劳动力的自由流动。[2]

许建宇教授从权利冲突的角度出发，认为劳动权具有优位效力，应当受到法律的优先保障。有必要适当放宽经济性裁员适用条件，进一步完善劳动合同违约责任制度，对继续履行等作出明确的限制性规定，以免导致劳动权受到不当限制、企业经营权被滥用。[3] 程延园教授认为，对于劳动关系的调整，应当在“规制”和“放松”中寻找平衡，单纯强调公平或者单纯强调效率都将矫枉过正，难以避免走向企业和劳动者双输的局面。[4] 姜颖教授认为，在引导实行无固定期限合同的同时，还应适当放宽无固定期限合同的解除条件，使其与有固定期限合同的解除有所区别，使劳动关系保持活力。[5] 郑尚元教授则认为，我国立法还缺乏对不当解雇的矫正程序，没有建立起真正意义上的解雇保护制度。[6]

针对经济补偿金的支付，冯彦君教授认为，劳动合同解除权的行使牵连着用人单位的经营和劳动者的就业，解除权的行使通常都伴随着风险的转移，经济补偿金是在用人单位依法行使解除权的过程中由劳动立法课以用人单位的强制性义务。[7] 将经济补偿金扩展适用于劳

---

① 王全兴. 就业权实现的劳动合同法保障——审视我国劳动合同立法的一种新视角. 中州学刊，2005（6）

② 王全兴.《劳动合同法》实施后的劳动关系走向. 深圳大学学报（人文社会科学版），2008（3）

③ 许建宇. 劳动权的位阶与权利（力）冲突. 浙江大学学报（人文社会科学版），2005（1）

④ 程延园. 劳动合同立法如何平衡劳动者与企业的权益. 法学杂志，2007（3）

⑤ 姜颖.《劳动合同法》无固定期限合同的不足与完善. 法治论坛，2009（1）

⑥ 郑尚元. 劳动合同法的制度与理念. 北京：中国政法大学出版社，2008. 293

⑦ 冯彦君. 劳动合同解除的“三金”适用与《劳动法》的修改. 见：叶静漪，周长征. 社会正义的十年探索——中国与国外劳动法制改革比较研究. 北京：北京大学出版社，2007. 203～204

动合同终止情形，有违合同期限和效力原理，造成经济补偿金的变异，而且无疑加重了用人单位的用工成本和限制了用工自由，在利益的天平上出现了过度的倾斜。[①] 而林嘉教授在分析了经济补偿金的性质属性之后认为，经济补偿金应被视为劳动法上独有的独立的解约经济补偿形式，是用人单位的一种特定补偿义务，应进一步扩大我国经济补偿金的法律适用空间。[②]

我国台湾地区的解雇保护法制与大陆在解雇事由、经济补偿方面有诸多的相似之处，其“劳动基准法”“团体协约法”“大量解雇劳工保护法”等法规对解雇权限制的内容规定较为完备。黄越钦教授在其名著《劳动法新论》中，阐释了解雇理论的三个发展阶段：解雇自由说、禁止解雇权滥用说以及正当事由说，其认为现代国家多采用的“正当事由说”基本上扬弃了解雇自由原则，处于与解雇自由对立的两极，实质上否定了雇主的任意解雇权。[③] 黄程贯教授认为，解雇中的最后手段原则平衡了劳工保护与雇主之间的利益，应当是劳动契约雇主单方终止的共通原则。[④] 郭玲惠教授认为，对于解雇合法性的审查，不仅要考察解雇实质上的正当性，还要考虑解雇在形式上有无瑕疵，对于解雇中社会选择的判断要考虑年资、年龄以及劳动本身的家庭抚养义务等多个因素做综合判断。[⑤] 对于“大量解雇保护法”，杨通轩教授认为其具有劳动市场政策之目的，经济性裁员的法律规范重点在于遏制雇主恶意的关厂、歇业等行为。[⑥] 而刘士豪教授认为，大量解雇保护制度中的强制协商程序是一个由行政主管机关介入发动的

---

① 冯彦君．劳动合同立法应准确处理的三大关系．当代法学，2006（6）

② 林嘉，杨飞．劳动合同解除中的经济补偿金、违约金和赔偿金问题研究．见：劳动法评论．北京：中国人民大学出版社，2005．15～28

③ 黄越钦．劳动法新论．北京：中国政法大学出版社，2003．156～157

④ 黄程贯．劳动法（修订版）．台北：空中大学出版社，1996．486

⑤ 郭玲惠．解雇合法性及其关系企业之态样．劳动法裁判选辑（一）．台北：元照出版公司，1999．71

⑥ 杨通轩．“大量解雇劳工保护法”相关法律问题研究．法律杂志，2003（3）．38

程序，其旨在将协商设置为“大量解雇程序的生效要件”，如果没有经过协商程序将会导致大量解雇的无效。[①]

（二）域外有关解雇权限制的法律资源与研究述评

美国的解雇限制主要存在于普通法、制定法和集体协议中。美国普通法中的解雇是以任意雇佣为原则，对于解雇权的限制主要依靠判例确定的任意雇佣的例外来完成，这使其在世界的解雇权限制领域内独树一帜。违反公共政策、与合同中设定的默示条款冲突、违反雇佣合同中的诚信默示条款和默示公平交易义务是美国法最重要的三个任意解雇的例外。[②] 任意雇佣原则的独占地位到了近代开始受到一定的冲击，1967 年学者 Lawrence Blades 就指出，任意雇佣原则对劳工并不公平，助长雇主滥用权利[③]；其他很多学者也都认为任意雇佣是一个杂乱无章的原则，缺乏合理性。[④] 但是目前任意雇佣原则依旧在美国普通法的解雇中居于核心地位，自由选择的模式甚至出现了某种程度的回归。[⑤] 波斯纳就认为，解雇保护法对员工的工作保障并非真正有效率，而雇佣自由是劳动合同的普遍形式。[⑥]

日本劳动法始终是以禁止解雇权滥用的法理来看待解雇保护的，

---

① 刘士豪.“大量解雇劳工保护法”中“解雇计划书通知与协商”制度之初探. 律师杂志，2003（3）. 61

② Mark Berger. Unjust Dismissal and Contingent Worker：Restructuring Doctrine for the Restructured Employee. Yale & Policy review，vol. 16，1997，p9

③ Lawrence E. Blades. Employment at Will vs. Individual Freedom：on Limiting the Abusive Exercise of Employer Power. Columbia Law Review，vol. 67，December，1967，p1406

④ Natalie Bucciarelli Pedersen. A Subjective Approach to Contracts? How Courts Interpret Employee Handbook Disclaimers. Hofstra Labor and Employment Law Journal，vol. 26，2008，p101～104

⑤ Katherine V. W. Stone. Revisiting The At-will Employment Doctrine：Imposed Terms，Implied Terms，And The Normative World of The Workplace. Industrial Law Journal，vol. 36，2007，p95

⑥ ［美］理查德·A. 波斯纳. 法律的经济分析. 蒋兆康译. 北京：中国大百科全书出版社，1997. 432

这是其从民法思维所衍生出来的一种正常逻辑。禁止解雇权滥用理论在契约自由的基础上，通过对雇主解雇权的行使施加约束条件限制解雇权行使的范围，其目的在于纠正解雇自由状态下不当解雇所可能产生的对劳动者生存权益的侵害。以社会法理论来解释，它是以调和具体利益的对立为基本目的的，其实质是通过确立具体的自由来限制和约束私的所有权自由。[①]“未告知解雇理由的解雇”与“告知之理由不具合理性，或从该劳动关系来看抑制雇主之解雇系属相当”之场合，即为解雇权之滥用。[②] 在禁止解雇权滥用法理的适用上，日本劳动法判例在经营性原因的解雇上又发展出“整理解雇”的法理，解雇必须要满足人员削减之必要性、解雇回避努力义务、选择被解雇者之妥当性、程序之妥当性四个要件。[③] 但是近期日本主流的裁判从“四要件说”向“四要素说”的转化，显示出解雇权限制开始对劳动关系进行的弹性化调整。

德国 1969 年制定的《解雇保护法》是世界上第一部专门规范解雇行为的立法，它推翻了德国民法契约自由终止的原则，针对雇主对劳动契约的终止规定了正当性要求，将解雇分为正常解雇与非正常解雇。德国法在解雇正当性选择以及解雇程序的设计极具社会法属性。对于不具备社会正当理由的解雇，解雇将不发生法律效力[④]；如果雇主不尊重听证程序，那么解雇将无效，并且之后再进行的听证程序也不能治愈这种无效[⑤]。德国司法判决所创设的最后手段原则，实质上已经逐渐成为影响法国、瑞典等欧洲大陆许多国家解雇事由的核心原

① 王为农．日本的社会法学理论：形成和发展．浙江学刊，2004（1）

② ［日］有泉亨．劳动基准法．有斐阁，1963．145．见：王能君．日本解雇权滥用法理与整理解雇法理．台湾劳动法学会学报，2004（3）．49

③ 王能君．日本解雇权滥用法理与整理解雇法理．台湾劳动法学会学报，2004（3）．63

④ ［德］W．杜茨．劳动法．张国文译．北京：法律出版社，2005．127

⑤ Achim Seifert & Elke Funken-Hötzel．Wrongful Dismissals In The Federal Republic of Germany．Comparative Labor Law and Policy Journal，vol. 25，2004，p492

则。“这种解雇的限制实际上是一种‘劳动关系’存续的保护，不同于其他国家的‘补偿保护’。”[①] 在德国，有关劳动法去管制化、劳动市场政策以及失业问题的讨论都聚焦于它严格的解雇保护制度上[②]，解雇权限制的适度性问题似乎一直是一个无解的谜局。

英国劳工法存在的主要价值实际上在于协助建立集体谈判制度和弥补集体谈判制度的不足。英国存在两个不同的解雇系统，一个是建立在普通法违反合同约定基础上的非法解雇，一个是建立在制定法基础上的不公平解雇。两个体系对于解雇权的适用完全不同。普通法只是在程序上要求雇主提供预告期，解雇理由的存在与否都不影响解雇的效力；而不正当解雇中，合法的解雇需要具备解雇事由的正当性、解雇的实质公平性与解雇程序的公平性并由雇主负担经济补偿。[③] 根据英国最新的雇佣法令，不公平解雇的程序开始出现从严控制的趋势，因而备受学者质疑。[④] 在不公平解雇体系中，金钱赔偿是最重要的一种违法解雇的法律救济途径，违法解雇赔偿金的计算既细致又极其复杂。[⑤]

法国劳动法以无固定期限劳动合同作为建构解雇保护制度的对象，将解雇按照解雇事由区分为个人原因的解雇与经济原因的解雇。[⑥]《法国劳动法典》规定解雇必须具备“实际的严肃的理由”。依

---

① 朱静舫．德国解除雇佣关系时错误社会选择的法律后果及相关责任．中国劳动关系学院学报，2008（2）

② Dorothea Alewell & Eileen Schott & Franziska Wiegand. The Impact of Dismissal Protection on Employers' Cost of Terminating Employment Relations in Germany：An Overview of Empirical Research and Its White Spots. Comparative Labor Law and Policy Journal，vol. 30，2009，p667

③ Alison Bone & Marnah Suff. Essential Employment Law（second edition）. Wuhan University Press，2004，p121～150

④ David Christie. Welcome to The Jungle：Statutory Dispute Resolution in The Workplace. Scots Law Times，vol. 32，2004，p199～203

⑤ Alison Bone & Marnah Suff. Essential Employment Law（second edition）. Wuhan University Press，2004，p148～150

⑥ 法国劳动法典．罗结珍译．北京：国际文化出版公司，1996．20～26

据法国的司法实践，"实际的严肃的理由"必须满足"客观的""具体的、现实存在的理由""与职业相关"等现实要求，不符合"实际的严肃的理由"将会导致解雇的无效。[①] 法国劳动法对于解雇理由、解雇程序以及解雇待遇的严格要求，致使解雇困难成为整个法国企业与社会的"阿喀琉斯之踵"。以放松解雇限制、促进青年就业的《首次雇佣法》在2006年的流产，表明缺乏必要的社会基础和灵活性劳动市场政策基础的法律改革会陷入路径依赖的困局。[②]

三、本书的分析框架和研究方法

（一）本书的分析思路和写作框架

如何坚持对劳动者倾斜保护的社会法基本思想，并能兼顾企业的经济负担能力，乃是中国劳动法学所面临的一个永恒难题。解雇权限制问题，作为劳动者保护与企业经营利益互生共利的交集，也正经历着中国法制转型进程中的"变局"和"突围"。因此，本书对解雇权限制问题的研究，立足于基础理论的分析与劳动契约制度安排的整体逻辑，希望在完成与西方解雇法制基本概念要素对接的同时，建构一个中国解雇保护的制度进路。本书的研究可以分解为三个分析阶段。

第一个分析阶段主要从基础性层面论述了解雇权限制的正当性和适度性。本书以解雇权限制的法理学基础开篇，以"解雇""解雇权"等基本概念的界定为出发点，对解雇权限制背后隐含的生存权与经营权的权利冲突进行了分析，从社会法的视阈阐释了解雇理论从"解雇自由说"向"禁止解雇权滥用"以及"正当事由说"的历史转变。第二章从比较法的视角透视了美国和德国两个国家典型的解雇权限制模式，从解雇事由、解雇程序以及解雇待遇三个比较维度分析了解雇保护中的三个基本面向，深度解析了解雇权限制模式的形成和影响因素。第三章引入中国解雇权限制适度性的探讨，以《劳动合同法》颁

① 郑爱青. 法国劳动合同立法的启示. 法学杂志，2002（5）

② Otto Kaufmann. Weakening of Dismissal Protection or Strengthening of Employment Policy in France? Industrial Law Journal. vol. 36，2007，p269

布前后我国法学界对解雇保护水平的学术争论为线索，从社会法的倾斜保护思想以及国家介入劳动关系终结机制的适度性角度分析了我国《劳动合同法》对解雇制度的改造。

第二个分析阶段主要从一种微观的视角围绕解雇权限制的三个具体面向而展开。第四章重点论述了解雇事由问题，对我国的过错性解雇、无过错解雇、经济性裁员三个解雇理由进行了规范性分析，提出了对我国法定解雇事由说的改进。第五章针对解雇程序，结合我国法律规定从产业民主以及解雇预告期角度分析了我国解雇程序中的既存问题，以海峡两岸经济性裁员程序的个例比较，深入剖析了经济性裁员制度的程序法特质。第六章从经济补偿金的性质入手，在深入分析我国经济补偿金支付水平的基础上提出了完善之策，并深入探讨了经济补偿金与赔偿金之间的关系处理。第七章是对违法解雇法律责任的分析，在比较分析了世界上普遍采用的违法解雇法律救济方式的基础上，对我国继续履行劳动合同以及赔偿金制度两种救济途径的关系以及各自内容进行了解析。

第三个分析阶段是对我国解雇制度承继与发展的思考。在第八章中，文章针对我国劳动期限制度与解雇保护之间的关系进行了分析，指出中国解雇制度的变革实际上根源于劳动合同期限制度的转向，因此应当以劳动合同期限制度的变化为基础，对我国的解雇制度进行反思与重构。

（二）本书的研究方法

1. 比较的分析方法

比较分析法是本书使用最多的一种分析方法。比较的分析方法扩大了对解雇权限制理解的视野。在本书的论述过程中，既有对国际解雇权限制模式的宏观比较，又有对解雇权限制三个维度的微观比较；在具体比较方式上，既有语言陈述与多个列表的叙述性比较，又有一定程度的评价比较；在比较范围上，既有不同国家之间制度建构上的比较，又有国内不同地区法律性解释差异的比较。

2. 规范的分析方法

规范分析方法是法学最基本的和独有的一种分析方法。本书对于规范分析方法的使用，不仅仅体现在对解雇保护中的制度事实及其构成进行的权利与义务的技术分析，而且通过社会实证的分析，对解雇权限制的法律调整与社会效果之间的运行关系进行了一定程度的研究。

3. 案例的分析方法

案例的分析可以对法律规范的研究提供一种更感性的认识。本书在写作过程中，对引起轰动的德国芭芭拉案进行了不同法域的裁判猜想，用以说明我国解雇权的限制水平。在分析违法解雇救济途径等内容的时候，也通过分析我国真实的案例对法律规定的具体内容进行了剖析。

第一章 解雇权限制的法理学基础

第一节 解雇权的相关概念及其法律含义

一、解雇的法律概念辨析

所谓解雇，是雇主基于单方意思表示，结束与劳动者劳动关系的法律行为。因雇主与劳动者之间的劳动关系多为劳动契约所调整，所以解雇是指“雇主根据自己的意愿向被雇佣的劳动者表示终止劳动契约”①。

导致合同关系消灭的最重要的两种方式为合同的解除与终止。合同的解除与终止应当为平行并列的两个概念。从合同原理的角度来审视解除与终止的区别，“解除一般适用于违反非继续性合同场合，并具有溯及力；终止一般适用于继续性合同场合，没有溯及力。”②“解除与终止在法律效力上有根本性区别，持续性合同在给付发生后只适用终止，不适用解除。”③“合同终止既适用于一方违反合同，也适用于没有违反合同的情况；而合同解除主要适用于一方不履行合同的情

---

① 王益英，黎建飞．外国劳动法和社会保障法．北京：中国人民大学出版社，2001．474

② 谢怀栻．合同法原理．北京：法律出版社，2000．243

③ 张俊浩．民法学原理（第三版）．北京：中国政法大学出版社，2000．768

况。"[①] 虽然在溯及效力、适用对象、发生原因等方面可以清晰地区分合同的解除和终止，但在立法上，我国对于合同的解除与终止的概念使用是混乱的。我国《合同法》是将"终止"与合同的消灭在同一含义上来使用的，合同的解除是置于合同终止的下位概念，即合同的终止包含了合同的解除。将终止界定为"最广泛意义上的合同消灭"[②]，这种处理模式在一定程度上模糊了解除与终止之间的界限，有失逻辑性和科学性，民法学者们对此也多有批评，认为应将两者分开加以规定[③]。

依合同法的基本原理，雇主单方面结束与劳动者的劳动关系，应属合同的终止。因为雇主与劳动者之间的劳动契约，是典型的继续性契约，雇主单方面消灭契约并不可能使劳动契约发生溯及力。劳动契约的继续性以及人身性特点使劳动者劳动力的给付无法恢复原状，故应以终止作为劳动关系的终结机制，使劳动关系向未来发生消灭。此时，劳动关系的消灭并不会影响之前劳动契约的效力。世界上大多数将劳动法视为民法特别法的国家和地区，都遵从了这种处理方法，将雇主单方提出的终止（解雇）与劳动者单方提出的终止（辞职）列于平等地位，置于"劳动契约之终止"概念之下。[④]

"解雇"一词在我国最早始见于1980年制定的《中外合资经营企业劳动管理规定》，当时与"辞职"一词对应使用。我国在制定《劳动法》之时，并没有采用大多数国家的通例将解雇归入"合同终止"的范畴。由于受到前苏联法律的影响，认为合同的解除无溯及力，因此在对劳动关系终结的处理上，分解使用了"劳动合同的解除"和

① 马骏驹，余延满．民法原论（下）．北京：法律出版社，2001．629

② 陈小君．合同法学．北京：中国政法大学出版社，2007．154

③ 马骏驹，余延满．民法原论（下）．北京：法律出版社，2001．629；徐军．合同终止辨析．广西政法管理干部学院学报，2005（2）

④ 黄越钦．劳动法新论．北京：中国政法大学出版社，2003．153

"劳动合同的终止"两个概念。① 应当明确的是，这种概念的使用已不再恪守传统大陆法系私法中有关解除与终止两者在溯及力、适用范围上的分野，对劳动合同的"解除"和"终止"做了重新的改造。受民法学界"解除即提前终止合同"② 这种认识的影响，劳动合同解除和终止的主要区别实际上在于，"劳动合同的终止是劳动合同关系的正常结束，劳动合同解除是劳动合同关系的提前消灭"③。应当说，劳动法律对劳动合同"解除"和"终止"所做的这种改造，在本质上赋予了"解除"和"终止"在劳动合同终结时的不同含义，前者更强调了法律规范的强制性，而后者更强调了法律规范的任意性。"如果区分了劳动合同的终止与解除，就能针对解除坚持'凡有法禁止不得为'的原则，以强制法律规范遏制劳动合同的恶意解除。"④ 根据这种区分，用人单位单方面终结劳动关系的"解雇"和劳动者单方面终结劳动关系的"辞职"被纳入劳动合同解除的范畴中，而其他导致劳动关系终结的情形被归入劳动合同终止的范畴。⑤

我国劳动法将"解雇"定位于解除制度的做法一定程度上引发了理解和适用上的混乱。毕竟，合同"解除"应用于非继续性合同以及发生溯及既往的效力，这作为传统私法的一种朴素性认识，已经被广为接受。将劳动契约中没有溯及力效力的解雇行为定性为"解除"，

---

① 我国1994年的《劳动法》开创了对劳动合同的"解除"与"终止"做并列使用的立法模式，2007年的《劳动合同法》基本上继续沿袭了这个传统。

② 彭万林．民法学．北京：中国政法大学出版社，2002．505；李由义．民法学．北京：北京大学出版社，1988．342～354

③ 董保华．劳动关系调整的法律机制．上海：上海交通大学出版社，2000．177

④ 王建军．劳动合同终结的理论选择．四川大学学报（哲学社会科学版），2006（3）

⑤ 在1994年的《劳动法》中，劳动合同终止的情形仅限于劳动合同期满和当事人约定的劳动合同终止条件出现两种情形，而在2007年的《劳动合同法》中，劳动合同终止的情形被规定为六种情形，即劳动合同期满的；劳动者开始依法享受基本养老保险待遇的；劳动者死亡，或者被人民法院宣告死亡或者宣告失踪的；用人单位被依法宣告破产的；用人单位被吊销营业执照、责令关闭、撤销或者用人单位决定提前解散的；法律、行政法规规定的其他情形。

难免引发纷争，似应溯本正源地使用“终止”。但从强调对解雇实施强制性附加的角度来看，我国劳动法的这种界定本身又有其内在的合理性，因为这种做法与劳动合同公私法相融合的属性是不谋而合的。以“合同解除”的形式把依当事人意思表示而产生的解雇情形从劳动合同终止的原因中剥离出来单独规范，提供了国家意志对于不平等劳动关系中强势雇主一方进行意思强制的可能，也凸显了劳动契约法中的公法因素。“大陆地区劳动合同解除语境与劳动合同终止语境完全割裂，并已形成特定的语境与制度创新。”① 因此，从法律的延续性和劳动法自身发展的特质上来说，并不适宜将“解雇”重新回归定义为“终止”，因为传统私法中的“终止”并不能涵盖“解雇”本身所有的理论内核。

综上所述，从我国劳动法体系的自身内在逻辑来看，解雇应定义为：雇主（用人单位）与劳动者解除劳动合同所为之意思表示的单方法律行为。从法律效力而言，这里的劳动合同解除，为劳动法上之特有概念，本质上等同于大陆法系劳动契约中的“终止”，并不发生溯及既往的法律效力。

二、解雇的功能和类型

（一）解雇的功能

解雇为市场经济的常态。在经济学上，决定雇主雇佣多少数量的劳工受劳动力市场供需关系的制约。劳动力作为企业的生产性要素之一，其价格直接影响企业的用工成本。企业会根据自身发展的需要控制用工规模，进而调整所雇佣的劳动者人数。时逢经济周期来临之际，劳动力的增减变化尤其剧烈。除了受到供需关系的影响，基于企业提升效率的考量，企业也会主动裁减阻碍企业效率提升的员工（能力不胜任者、破坏工作规则者等），将其排除在企业之外。解雇机制的存在已经成为现代企业人力资源管理的主要手段之一，它时刻提醒员工恪尽职守，促进员工品质的提升和企业文化的孕育。诚如美国学

① 郑尚元. 劳动合同法的制度与理念. 北京：中国政法大学出版社，2008. 244

者爱泼斯坦所言，自由的解雇“在三个方面对雇主具有吸引力：它有利于激励员工，具有灵活性，且采用该原则时企业的管理成本较低”①。

对于被动失去工作的劳动者而言，解雇意味着生存的威胁。在社会失业救济制度完备的情形下，解雇带来的是劳动者生活质量的下降、工作条件和工作环境的改变；而在失业救济制度不完备的情形下，解雇将可能直接导致劳动者经济生活基础的丧失。“若导致失业或者提前退休，则对劳工人格利益（借工作以发展其人格）有明显影响。”② 失业人群的增长还会直接危及整个社会的安全，产生家庭问题、犯罪问题、国家福利支出增加等一系列社会问题。因此，工作保障或者说“就业安定”一直都是解雇保护的目标之一，通过降低解雇发生频率，节省社会成本支出，远比解雇后所施行的救济更具有意义。

由此可见，解雇具有双重功能。它的存在一方面发挥灵活用工、调节成本的功用，成为企业管理的利器，另一方面也因为影响到固有的劳工生活而备受社会警惕。在企业的运作效率与劳工的工作保障之间，解雇问题的实质就是如何平衡雇主与雇员之间的利益。斯蒂格利茨认为：“增加工作保障不是没有成本的。保证一个人有工作，或使其不容易被解雇，其结果减少了雇主为了激励工人而可以运用的威胁。”③ 因此，作为劳动力市场供需调节器的解雇，其经济功能的发挥，很大程度上受制于其对劳动者工作保障的限度。

（二）解雇的类型

1. 预告解雇与即时解雇

以雇主在解雇是否经过“预告程序”为标准，解雇分为预告解雇

---

① Richard A. Epstein. In Defense of the Contract At Will. University of Chicago Law Review，vol. 51，1984，p948

② 林更盛. 劳动法案例研究（一）. 台北：翰芦图书出版有限公司，2002. 260

③ ［美］斯蒂格利茨. 经济学（上）. 姚开建等译. 北京：中国人民大学出版社，1997. 249

和即时解雇。这也是最基本的一种解雇分类。预告解雇，顾名思义是指雇主在解雇劳动者之前，必须履行一定期限之预告程序始得为之的解雇。对解雇进行预告的目的在于尽量减弱劳动者因为失去工作而带来的生活打击，保障其有时间寻找工作机会。即时解雇是指雇主无须履行预告程序，即得以解雇劳动者。雇主即时解雇权利的存在，系主观可归责于劳动者的事由发生，致使期待雇主继续保有与劳动者的劳动关系已成为不可能，此时为保护劳动者利益的预告程序不再具有正当性基础。

2. 惩戒解雇与资遣解雇

以解雇的动因区分，解雇可分为惩戒解雇与资遣解雇。惩戒解雇，是雇主基于对劳动者加以惩戒的动机而实施的解雇。雇主实施惩戒的理由多缘于员工行为不检、违反工作规则、扰乱生产秩序。资遣解雇又称为裁员解雇或者普通解雇，系指雇主因企业经营、技术革新、组织结构变化等经济性原因或者不可抗力的因素而对多余劳动力实施的解雇。资遣解雇由于在动因上非可归责于劳工，所以雇主在解雇时需支付资遣费（我国称经济补偿金）以减少对劳动者带来的伤害，因此有资遣解雇之称谓。而惩戒解雇是因劳工自身原因而引致的解雇，因此一般法律规定雇主没有给付资遣费的义务。

3. 个别解雇与大量解雇

依据解雇是否达到法定的解雇人数标准，解雇分为个别解雇与大量解雇。个别解雇系因劳工个人事由的解雇，是具有个案性质的解雇。而大量解雇是由于企业经营性等原因致使雇主无法继续雇用某些员工，而针对达到一定比例或者一定人数以上的多数员工实施的解雇。形式上观之，大量解雇涉及多个员工的解雇，会对社会稳定产生消极影响，因此其解雇条件较之个别解雇严格。大量解雇实际上是“大量的资遣解雇”，其与资遣解雇相比，只是解雇人数的众多。但如若多个员工的解雇并未达到大量解雇所要求的法定标准，则解雇依然属个别解雇，不能适用大量解雇的规则。

以上解雇样态均是学理上的分类。由于所处视野角度不同，解雇的类型之间时有重叠。我国的法定解雇类型综合考虑了预告期、解雇动因以及解雇人数的多个因素，在承继原有法律的基础上形成了目前过错性解雇、无过错解雇和经济性裁员三种解雇类型。

过错性解雇类似于即时解雇，是指用人单位无须向劳动者预告即可解除劳动合同的行为。过错性解雇是在我国企业对员工进行违纪惩处、辞退的制度之上发展起来的。从 1982 年国务院的《企业职工奖惩条例》、1986 年的《国营企业辞退违纪职工暂行规定》、1994 年的《劳动法》，到 2007 年的《劳动合同法》，形成了目前的试用期不符合录用条件解雇、严重违规解雇、严重失职解雇、利益冲突解雇、劳动者导致劳动合同无效解雇以及刑事责任解雇六种情形的解雇。因过错被解雇的劳动者在离职时不享受经济补偿金的待遇。

无过错解雇类似于预告解雇，是指劳动者主观上无过错，但是基于某些客观原因，用人单位可以依法单方解除劳动合同的行为。在计划经济向市场经济的改革阶段，由于解雇无过错的员工很难为当时的国情所接受，无过错解雇一开始是以情势变更原则建立起来的。① 经过 1980 年的《中外合资经营企业劳动管理规定》、1986 年的《国营企业实行劳动合同制度暂行规定》、1994 年的《劳动法》以及 2007 年的《劳动合同法》，我国的无过错解雇主要集中在医疗期届满解雇、不能胜任工作解雇和情势变更解雇三种类型。我国立法在解雇事由、解雇程序和解雇待遇（支付经济补偿金）方面对于无过错解雇作出了严格的限制规定。

经济性裁员，是指用人单位由于生产经营状况发生变化而出现劳动力过剩，通过一次性辞退部分劳动者，以改善生产经营状况的一种手段。② 经济性裁员实质上归属于非过失性解雇的范畴，但由于其裁

① 董保华．十大热点事件透视劳动合同法．北京：法律出版社，2007．356

② 王全兴．劳动法．北京：法律出版社，2004．146～147

减人员达到了法定人数标准[①]，因此其解雇条件更加严格。《劳动合同法》将经济性裁员划分为：用人单位发生严重困难直接裁员和情势变更无效的裁员两种类型，并通过一系列禁止条件和限制条件控制它的适用。

三、解雇权的性质及行使限制

解雇权是雇主享有的单方面解除与劳动者的劳动合同的权利。就法律性质而言，解雇权是一种典型的形成权。“依权利人一方的意思表示而使法律关系发生、内容变更或消灭的权利称为形成权。”[②] 形成权依其性质，仅须经由权利人一方的意思表示即可使法律关系发生变动，相对人有不作为或者容忍的义务。解雇权为形成权中的消灭形成权，自解雇通知到达被解雇的劳动者，既存的劳动契约即归于消灭。解雇权的形成权性质，使其在行使之前仅为抽象性的权利，不会受到侵害。由于形成权行使的结果对相对人的利益产生了直接的影响，因此其行使的合理性基础就需要“存在于形成权相对人事先同意的基础上，或者法律根据合适的理由在特定情形下直接赋予”[③]。从权源上来讲，解雇权一方面来自于雇主与劳动者订立的劳动契约，另一方面来自于宪法和法律的授权。如前所述，解雇在我国劳动法中名为“解除”，实为“终止”，故解雇权应归属于形成权中的“终止权”。因而，解雇权也可以被分解为约定解雇权和法定解雇权。

由于劳动关系自身的从属性，作为劳动关系存在形式的劳动权契约是建立在不平等主体之间的，形式的平等性掩饰了实质意义上不平等。“进门者请放弃一切自治。”在生产资料与劳动力实现结合的过程中，劳动者向雇主让渡了劳动力的使用权，形成了雇主与劳动者之间以服从和管理为特征的管理关系。由于劳动者缔约时的意思自由在很

---

① 依据《劳动合同法》第41条，经济性裁员要求裁减人员20人以上或者裁减不足20人但占企业职工总数10%以上。

② 王泽鉴．民法总则．北京：中国政法大学出版社，2001．97～98

③ 梅迪库斯．德国民法总论．邵建东译．北京：法律出版社，2004．77

大程度上被抑制，雇主依靠其谈判中的优势地位可以通过劳动契约中的约定获得较为充分的解雇权利，那么，来源于劳动契约的解雇权的合理性基础值得怀疑。我国《劳动法》第23条中原来明确规定了用人单位的“约定终止权”，规定“劳动合同中约定的劳动合同终止条件出现，劳动合同即行终止”。但是基于“一些用人单位随意与劳动者约定劳动合同终止条件，并据此终止劳动合同，使无固定期限劳动合同提前消灭，不能真正起到维护劳动者就业稳定权益的作用”[①] 的原因，《劳动合同法》最终取消了《劳动法》第23条中的约定终止权。值得深思的是，约定终止权的取消，等于完全清除了解雇中的私法因素，使雇主的解雇权限只能来源于法律的授权。

从宪法和法律的角度而言，雇主的解雇权来自于宪法和法律对财产权的保护。在现代市场经济中，财产权的概念已经远非仅仅指代“所有权”，通过经营追求利润，最大地发挥财产的功用是财产权应有的含义。“事实上，经营权即为财产权之综合行使，而且更重要的在于经营必然涉及劳资关系。”[②] 因此，雇主对员工实施的解雇作为用工自主的表现形式，自然也是其行使自由经营和管理权能的必然逻辑结论，也是市场经济下经营者的一种正常经济行为。然而，由财产权或者经营权推演而来的解雇权完全忽视了对劳动者一方利益的考量，并不能满足解雇权行使的所有构成要件。为了防止雇主解雇权利的滥用，劳动法律多通过在解雇理由、解雇程序、解雇待遇等方面的约束限制解雇权的行使范围，而解雇权正是以这种被限制的消极面貌出现在劳动法律中的。

解雇权的形成权性质意味着解雇一旦生效，就会立即产生对固有劳动关系的破坏，劳动关系的人身属性又决定了劳动关系遭到破坏之后，很难恢复到原来的状态。因此，通过劳动契约法对解雇权的行使

---

① 劳动和社会保障部关于《中华人民共和国劳动合同法》的宣传提纲，http://trs.molss.gov.cn/was40/mainframe.htm，2009-09-10

② 黄越钦．劳动法新论．北京：中国政法大学出版社，2003．59

加以限制就成为解雇保护法律制度的题中之意。实际上，对解雇权的限制不仅仅来自调整个别劳动关系的劳动契约法，解雇权在行使的过程中还要受到来自劳动基准法、工会法、团体劳动契约、个别劳动契约等多重限制。

第二节　解雇权限制的权利解释

一、解雇权限制中的生存权理念

所谓生存权，是指人应当享有的、用以维持生存的、最低限度的人权。“生存权是指公民享有维持其生存所必需的健康和生活保障的权利。”① 作为一种自然性权利，生存权具有天赋性和不可逆转性。生存权中的“生存”，在概念上绝非应仅仅理解为生理上的存在，而是一种符合人性尊严的生活。劳动作为创造财富的来源，是实现生存权的基本手段。

劳动关系中的生存权理念来自于劳动契约自身的特殊属性。“劳动契约为雇佣契约之一种，而其特点在于从属性。”② 我国台湾学者认为，劳动契约的从属性主要表现为人格上的从属性、经济上的从属性和组织上的从属性。③ 内地劳动法学者也认为，劳动合同一经建立，“劳动者让渡了其劳动力支配权之后，就必须听从雇主的指挥管理，兼容平等性与财产性”④。在现代社会中，劳动依旧是谋生的基本手段，劳动关系的先天不平衡决定了劳动者只能依靠自身劳动力使用权的让渡来获得工资用以维持生存。“劳工之提供劳务为雇主工作，即为求生存，非工作即无法生存，故劳工对雇主有经济上、财产关系

---

① 邹喻，顾明．法学大辞典．北京：中国政法大学出版社，1991．367

② 史尚宽．劳动法原论．台北：正大印书馆，1978．15

③ 焦兴铠等．“劳动基准法”释义——施行二十年之回顾与展望．台北：新学林出版股份有限公司，2005．53

④ 董保华．劳动关系调整的社会化与国际化．上海：上海交通大学出版社，2006．35

上之从属性、依赖性。”① 劳动关系的人身性与从属性意味着其不再仅仅是一种纯粹的契约关系，而被深深地打上了“身份”的烙印。劳动者的生存很大程度上取决于其工作之有无。正如日本学者大须贺明所言，“一般说来，在社会权性质侧面的劳动权的根底之下，蕴存着生存权。这就是要在劳动的领域中，实现生存权的基本目的，即要确保人在社会生活中的应有尊严，确保人确实能够像人那样生活，即健康且文化性的最低限度生活。”② 劳动权的基本价值理念就是保证和促进人的生存。生存是人的第一公理。“能够生存是一切人的绝对的、不可转让的财产……所有合理的国家宪法的原则是每个人都必须能够靠自己的劳动生存。”③ “确保劳动者健康地生存，有保障地生活，这是劳动权的生存理念。”④ 因此，劳动权是生存权最直接的一种体现。

我国传统的劳动法学认为劳动权即是劳动就业权或者工作权。⑤ 即使在劳动法理论对劳动权的界定范围有进一步放大的情形下⑥，工作权依旧是劳动权的核心。“就业权是个别劳动权的逻辑起点和核心权利，也是劳动权体系中的基础性权利。没有就业权，劳动权便无从谈起。”⑦ 作为劳动权的核心，工作权成为宪法的基本权最早来自于《魏玛宪法》。《魏玛宪法》第163条称：“德国人民应有可能的机会从事经济劳动，以维持生计。无相当劳动机会时，其必需生活应筹划及

---

① 黄程贯. 劳动法（修订版）. 台北：空中大学出版社，1996. 64

② ［日］大须贺明. 生存权论. 林浩译. 北京：法律出版社，2001. 217

③ ［德］费希特. 自然法权基础. 谢地坤，程志民译. 北京：商务印书馆，2004. 213～214

④ 冯彦君. 劳动权论略. 社会科学战线，2003（1）. 167～175

⑤ 沈同仙. 劳动权探析. 法学，1997（8）；李景森，贾俊玲. 劳动法学. 北京：北京大学出版社，2001. 15

⑥ 一些学者认为劳动权包括劳动机会权和劳动报酬权，还有部分学者认为劳动权是一个权利束，包括就业权、劳动报酬权、休息休假权、劳动卫生权等一系列的权利。参见：蒋碧昆. 宪法学. 北京：中国政法大学出版社，1997. 269；关怀. 劳动法学. 北京：群众出版社，1985. 77；李步云. 人权法学. 北京：高等教育出版社，2005. 214

⑦ 许建宇，王婧婧. 和谐劳动关系的构建与政府责任的法治化. 法治研究，2007（2）

之”。第二次世界大战之后，工作权被德、日、法、意等多国写入宪法条款予以特别保障。1982 年的《中华人民共和国宪法》第 42 条规定：“中华人民共和国公民有劳动的权利和义务。国家通过各种途径，创造劳动就业条件，加强劳动保护，改善劳动条件，并在发展生产的基础上，提高劳动报酬和福利待遇。”在我国经批准加入的 1966 年《经济、社会和文化权利国际公约》第 6 条规定：“本公约缔约各国承认工作权，包括人人应有机会凭借其自由条件和接受的工作来谋生的权利，并将采取适当步骤来保障这一权利。”工作权条款进入各国宪法和国际公约表明，劳动权的性质已经超越了我们狭义上所理解的自由权，其所蕴涵的生存权底蕴越来越多地体现了一种社会权的属性，要求国家更多地担负起对生存权保障的职责。“生存权的目的，在于保障国民能过像人那样的生活，以在实际社会生活中确保人的尊严，其主要是保护、帮助生活贫困者和社会的、经济上的弱者，是要求国家有所‘作为’的权利。”①

工作权在内容上首先体现为工作获取权。从积极的方面来说，工作获取权表现为未就业者要求国家和社会提供工作机会的权利；从消极的方面来说，工作获取权表现为已就业者对抗来自雇主非法解雇的权利。拒绝雇主非法解雇的权利因具有对抗性也被称为消极的工作获得权。消极的工作获取权既是对劳动者既得工作岗位的保有和维持，同时也是对雇主解雇权滥用的一种限制。由于消极的工作获取权在功能上限制了雇主的解雇自由，使已被雇佣的劳动者能够对抗雇主的无理解雇行为，所以日本法上也将其称为“消极的劳动权”。这种消极的就业状态的工作权是以具体劳动关系的存在为前提的，换而言之，此时劳动权的实现要建立在劳动契约基础之上。就劳动者与雇主之间的关系而言，消极的工作权意味着劳动者可以向雇主主张约定的权利和法定权利，排除来自雇主的不合理解雇和非法解雇；就劳动者与国家的关系而言，消极的工作权意味着已经获得工作的劳动者可以要求

① ［日］大须贺明．生存权论．林浩译．北京：法律出版社，2001．16

国家采取积极的措施介入劳动契约以限制雇主滥用解雇权，促进其就业安定、提升其雇用品质，实现就业保障。解雇权限制中所附载的生存权含义使解雇保护本身具有非常强烈的劳动基准性质。各国的劳动基准立法中几乎都列入对解雇权限制的内容。1998 年 7 月 1 日生效的“欧洲社会宪章”中规定：“所有劳动者有权在雇佣终止时得到保护”。国际劳工组织虽然没有将解雇保护的内容纳入核心劳动基准的范围，但是在 1982 年《由于资方原因终止劳动关系条约》等多个条约中均明确了对劳动者雇佣终止时的保护。

劳动权中生存权理念的存在使雇主手中的解雇权已经不再是简单的私权含义。就个体利益而言，社会劳动是劳动者作为“人”的一种生活方式。工作权的享有与实现，关乎个人获得维持自身以及家庭生存的最基本条件，也关乎个人的自我实现。“劳动权不仅是公民获得财产的最基本途径，而且是公民实现自我价值和自我完善的基本方式。”① “工作是我们生活中的一个重要中心，消耗了我们大部分的时间和精力。我们的社会地位主要依赖于我们的职业，它又极大地影响着我们的自我意识——我们是谁，是什么。”② 就社会整体利益而言，失业导致的贫困和社会秩序的混乱是整个社会向前发展的最大威胁。“雇佣问题与贫穷和不平等这个较大的问题有密切联系。”③ 可以说，没有公民工作权的实现，社会的可持续发展就只能是天方夜谭。

当劳动者生存的利益被作为考量因素融入社会化的劳动关系之中，雇主被越来越多地要求承担起社会责任，解雇的权利也已经远远超越了传统的私域。“解雇权限制制度正是基于这种限制雇主解雇权的任意性、平衡劳雇双方利益、保护劳动者的劳动权和在权利受到侵

① 谢彭程．公民的基本权利．北京：中国社会科学出版社，1997．94

② ［美］文森特，帕里曼等．当代社会问题．周兵等译．北京：华夏出版社，2002．365

③ Heodor Meron. Human Rights in International Law: Legal and Policy Issues. Clarendon Press Oxford，1984，p238

害时提供有效救济的现实需要而产生的。”[①] 可以说，对劳动者基本生存权的保障提供了对用人单位解雇权的行使进行合理性限制的全部注解。

二、解雇权限制中的权利冲突

强化对于劳动者的解雇保护，必然要对资方的用工自由进行约束。“要保障劳动者的生存权，就要限制资本的自由权，特别是对劳动契约的自由和财产权的自由加以制约。”[②] 这就使解雇权与工作权这对天敌之间的冲突进一步加剧。显而易见，解雇权与工作权之间的冲突在契约自由状态下并不能通过劳雇双方意思自治的途径得到解决。“私法自治功能之发挥，须以当事人之自由平等即由此产生之自由竞争及机会均等为前提要件，使其足以确保契约内容之妥当性。”[③] 而劳动关系所具有的人身性和从属性特点使劳动者与雇主之间对契约内容的平等协商只存在于虚幻之中，这种实质意义的不平等贯穿于劳动关系的始终。“所谓的劳动关系中的‘契约自由’只不过是雇主单方规制权的法律伪装罢了。”[④] 在解雇问题上，雇主必将利用其在博弈中的优势将解雇自由的限度放大到极致，用以排斥劳动者要求职业安定的合理诉求。

工作权与解雇权之间冲突的解决途径主要有：通过工会的组建提升劳方的博弈能力对雇主进行制衡；突出强化企业应当承载的社会责任；以法律之力对劳动关系进行强制性的干预。

思路之一是通过团结权的行使，组建代表劳工利益的强大工会，以形成与资方抗衡的力量。在劳动关系的调整模式中，劳动者通过用手投票的方式将个人意志通过劳动者社团表现出来，与雇主商讨有关

---

① 冯彦君．劳动权论．法学研究，2003（1）

② 常凯．论企业社会责任的法律性质．上海师范大学学报（哲学社会科学版），2006（5）

③ 王泽鉴．民法总则．北京：中国政法大学出版社，2001．185

④ Manfred Weiss & Marlene Schmidt．Labor Law and Industrial Relations in Germany，2000．Kluwer Law International，The Hague London Boston，p71

解雇的条件、裁员的范围等内容，以最大限度地保护劳动者的利益。在遭遇大规模裁员的情况下，工会作用的发挥对于劳工生存利益的保障尤其突出。这种集体劳动关系在很大程度上克服了个别劳动关系中双方地位的不平衡。工会等劳动者团体的存在使劳动者代表能够在集体合同的订立过程中对雇主的解雇行为进行约束与抑制，与用人单位形成新的劳资自治。

思路之二是在雇主内部形成具有约束性的社会责任。对企业员工工作权利的保障是企业社会化责任的基本内容之一。作为企业利益相关者的劳动者，其人力资本的专用性使雇主对劳动力的使用以及对劳动者工作权的保护不仅体现为一种道德化的责任，也关乎企业经营的成败。因此，企业通过内部的人力资源管理，对劳动者实施人力资源开发和培训以提高劳动者自身的市场竞争能力，可以在劳动者和雇主之间形成一种以可雇佣性为基础的心理契约。随着这种以自愿性、自律性为主要要求的雇主社会责任的提升，会减弱劳雇之间在基本利益上的冲突，并在一定程度上产生对工会力量介入的一种替代。

思路之三是通过国家立法强制性地介入个别劳动关系之中。通过劳动立法对雇主解雇权的限制是对劳动关系的一种强制性调整，是伴随着劳动关系的社会化而出现的。劳动关系微观领域的国家强制，立足于对劳动者基本生存权益的保护，打破了雇主与劳工之间原有“私”的平衡，向劳动者一方倾斜。“私法公法化的实质是人权对私法固有原则的超越，人权成为私法进而成为所有法律的最高原则。”①作为基本人权的生存权，浓缩了社会权的精髓，要求国家部分担负起“消解失业”的基本职责，通过立法限制雇主的用工自主权。对解雇理由、解雇程序、解雇方式、解雇待遇等予以法律的明文规定控制了解雇权的实施力度和杀伤程度，给予劳动者适度的解雇保护。这些带有公法性质的劳动立法，在产生雇主对于国家所负有的公法义务的同时，也透过劳动关系的特殊调整机制，形成相应内容的雇主的私法契

① 邱本．从契约到人权．法学研究，1998（6）

约义务，达到协调劳雇双方利益的效果。

在不同的解决路径中，我国通过工会功能的发挥来解决解雇权限制过程中的权利冲突目前还较为困难。受到基层工会组织薄弱、机构附属性、法律责任缺位等多方面因素的影响，我国工会对用人单位自主用工能够施加的压力有限，远远不及德国、日本、美国等国工会在劳资谈判中表现出来的硬度。这直接导致了集体合同在我国缺乏其应有的针对性和时效性，集体谈判等产业民主形式还无法真正融入我国的公司治理结构改革。以人力资源管理来提升人力资本的价值，增加劳动关系双方主体之间的信任，进而形成劳动者的职业稳定，这一直是我国努力尝试以企业内化方式解决劳动关系双方解雇冲突的一个方向。但受制于我国人力资源管理整体水平和企业文化形成的长期性等原因，这种目标的实现是一个缓慢和渐进的过程，现实阶段尚无法弥合既存的落差。以上两种解决模式的乏力也能够解释为什么 2007 年出台的《劳动合同法》通过国家大量强制性介入劳动关系的调整方式来规范劳资冲突。然而，公权力对于劳动关系的介入应当是慎重的，一旦突破了维系劳动者基本生存权的底线性设置，就会形成对社会性空间的挤压。就我国的现实而言，在多元化解决工作权与解雇权冲突的模式中，在界定国家对于劳动关系干预的强制性与适度性的同时，还应进一步催化劳动者维权的动力机制，形成工会力量与人力资源管理之间的良性竞争。

工作权与解雇权的冲突，从本源上讲是利益冲突，从本质上讲是劳动者的劳动权与雇主的财产权之间的冲突。在劳动关系中，劳动者的劳动权与雇主的财产权性质并不相同。雇主的财产权为典型的私权，而劳动者的劳动权却是社会权的一种。所谓社会权，“是指公民依法享有的要求国家对其物质和文化生活积极促成及提供相应服务的权利”①。我国台湾学者也认为，社会权是“基于福祉国家或者社会国家之理念，为使人人皆可获得人性尊严之生存，而予保障之所有权

① 龚向和. 社会权的历史演变. 时代法学，2005 (3)

利的总称”[①]。相对于私权对国家的防御和警惕，社会权要求国家积极作为，提供直接的、必要的、实体的帮助，具有受益权的性质。国家通过多种措施对劳动者实施解雇保护以保障其法益的实现，是法治国和社会国理念的彰显，也是劳动权社会权属性的体现。在工作权实现的过程中，消除就业歧视、培育就业市场、设置失业保险等都直接地保障了劳动者的生存利益。但对于已就业的劳动者而言，要保证工作权的实现，维持职业稳定，就必须抑制资方的解雇权利。雇主的解雇权利，从产生上来说，来源于契约自由与经营自由，其私法性权利的个性导致其必然排斥一切外力的干预。然而，在劳动关系不断社会化的过程中，劳动法日益呈现出的公法与私法融合的特征，使其成为社会法的组成部分。日本社会法学家菊池永夫认为，社会法的本质特点之一，就是它的限制性。“社会法对私权的行使附加了社会义务，体现了对私权的必要限制。”[②] 解雇权在受到来自劳动者生存权的挤压下，被强制性附加了公法的义务，法律对其行使范围划定了明确的界限。“为保障劳动者的生存利益及社会的安定利益，用人单位的经营权因此受到一定程度的限制或克减，是符合‘社会本位’的价值观和利益考量原则的，是用人单位应当付出的一种‘社会成本’和应当承受的一种‘法制代价’。”[③] 雇主解雇权利在劳动关系权利冲突中的“退让”和“容忍”实际上是由社会法权利义务关系的不平衡性所决定的。在社会法的法律框架下，为了实现实质平等的法律关系，国家主要通过限制占据优势地位的主体意志，以对弱势者一方进行倾斜保护。因此，劳动法律必然会对劳动关系双方主体的利益进行重新分配，形成新的平衡。“法律制度一直维护一种赞同自由的预设，但是至少在正常时期，现代生活日趋增长的复杂性以及各种相互抵触的社

---

① 许志雄，蔡茂寅．现代宪法论．台北：元照出版公司，2000．179

② 王为农．日本的社会法学理论：形成和发展．浙江学刊，2004（1）

③ 许建宇．劳动权的位阶与权利（力）冲突．浙江大学学报（社会科学版），2005（1）

会力量的冲突，使法律在某些情形下为了公共利益而对自由进行分配或者限制具有了必要性。”①

需要明确的是，本书前面所言的解雇权与工作权的冲突，是一种“权利设定时的内在冲突或者静态冲突”②，或者说，是“指法律对权利界定的逻辑矛盾，是一种存在于法律体系中的未表现出来的形态，是一种逻辑的假设”③，并非是现实化的权利冲突④。因为劳动者对抗无理解雇的工作权具有消极性和被动性，因此劳动法律规范的重心在于对解雇权的使用范围、行使程序、行使方式进行具体化的法律限定。

第三节　解雇权限制的社会法视阈

一、解雇理论的转向

诚如拉德布鲁赫所言，“如果要用法律语言来表述我们所见证的社会关系和思潮的巨大变革，那么可以说，由于对‘社会法’的追求，私法与公法、民法与行政法、契约与法律之间的僵死划分已越来越趋于动摇，这两类法律逐渐不可分地渗透融合”⑤。不断地私法公法化和公法私法化的结果，形成了一个兼具公法与私法因素的社会本位的社会法。社会法的规制对象，已经大大异于传统的二元法律结构下的社会关系。

梅因定律中“身份到契约”的运动，不仅是一种历史概况性的表

---

① ［美］E. 博登海默. 法理学——法律哲学与法律方法. 北京：中国政法大学出版社，2004. 307

② 郭道晖. 法的时代呼唤. 北京：中国法制出版社，1998. 373

③ 王克金. 权利冲突的概念、原因及解决——一个法律实证主义的分析. 法制与社会发展，2004（2）

④ 现实化的权利冲突是由于权利边界的不确定性、模糊性而引起的。要避免工作权与解雇权在法律适用过程中的现实冲突，则须通过立法清晰地界定权利的边界。

⑤ ［德］拉德布鲁赫. 法学导论. 米健，朱林译. 北京：中国大百科全书出版社，1997. 77

述，而且勾勒出近代社会法律关系嬗变的轨迹。在这个轨迹中，隐含着一个巨大前提，即处于社会关系中的个体都是平等且自由的。“只有能够自由地支配自身、行动和财产并且彼此处于平等地位的人们才能缔结契约。”[①] 然而，这个蕴涵了契约社会精神的主体假设，到了现代却日益虚幻。现代社会中强势主体与弱势主体之间的不平衡关系，使“身份到契约”的运动正在发生某种程度的倒转，形成新的身份关系。在劳动关系领域，雇佣契约时代的劳动关系慢慢渗入债权因素，成为债权法的调整对象。在契约自治理念的支撑下，劳动者以自己所拥有的劳动力与拥有生产资料从事生产经营的雇主建立的劳动关系，被纳入民法的范畴。“契约自由的核心就是意思自治，即在契约活动中，人的意志可以依其自身的法则去创设自己的权利义务，当事人的意志不仅仅是权利义务的渊源，而且是其发生的根据。”[②] 然而，劳动者对于雇主的人身依附性和从属性削减着他天生就孱弱的意思自治能力，两者之间的关系被深深地印上“身份”的烙印。契约自由对于劳动者来说，仅仅是出卖自己劳动力的自由。这种飞鸟一样的自由，时刻都有被射杀的危险，是毫无任何实质意义的自由。[③] “确切地说，契约自由制度只将劳动力当做物，不视其为人。”[④]

在民法的视域中，劳动者是被抽离了经济能力、生存能力的“人”，这种法律人格的抽象是民法对主体实施平等保护的逻辑前提。“出现在近代市民法的‘人’的概念，乃是一种脱离实存的、具体的、经验的人类，而以拟制构想的抽象人格为对象的虚幻产物。”[⑤] “私法

---

① 中共中央马克思恩格斯列宁斯大林著作编译局．马克思恩格斯选集（第四卷）．北京：人民出版社，1995．76

② 尹田．法国现代合同法．北京：法律出版社，1995．13

③ 黄程贯．劳动法（修订版）．台北：空中大学出版社，1996．6

④ ［德］拉德布鲁赫．法学导论．米健，朱林译．北京：中国大百科全书出版社，1997．82

⑤ 蔡茂寅．社会法之概念、体系与范畴——以日本法为例之比较观察．政大法学评论，1997（58）．391

中的人就是作为被抽象掉了各种能力和财产等的抽象的个人而存在。”[①] 而劳动关系“强资本、弱劳工”的社会现实却是形式上的平等性掩盖了实质意义的不平等，维系契约存在的平等性和互换性发生了根本性的动摇。民法视域中平面上的抽象人格在社会现实中被还原成为一个一个在生理条件、经济能力、缔约能力等方面具有差异的个体。雇佣契约将劳动关系中工资和劳动力使用之间的交换仅仅视为财产的互易，从本质上忽视了作为劳动关系主体的劳动者的基本人权。“劳动关系系于债的经济的要素之外，实含有身份的社会的要素，与民法上单纯的债之关系及纯粹的雇佣关系不同。”[②] 对于劳动关系中“身份要素”的重新认识，使带有社会色彩的劳动契约取代雇佣契约对劳动关系重新进行调整。“在新层次——人身自由的层次实现劳动者的人权，并重新将劳动关系作为人身权利关系确立，这正是新劳动法的使命。”[③]

以劳动法为代表的社会法，用“具体化的、社会化的”人取代了私法中抽象个体的概念。在社会法的视域中，劳动关系领域中的劳动者与雇主具有差异明显的社会地位和经济地位。这种规制对象的变化，是社会法产生的内在社会动因。劳动法“从正面承认了如前所述的雇主与劳动者之间在经济、社会方面的不平等，并企图纠正从那些不平等产生出的不正当的结果”[④]。这种矫正，在劳动法上，主要表现为对雇主与劳动者之间契约自由的限制。“基于结构上劣势的劳动者之保护，必须限制雇主的指挥监督与干预支配权，更进一步说，即便这是以劳雇间之私法自治、契约自由的形式出现，在某个程度内，

---

① ［日］星野英一．私法中的人．王闯译．北京：中国法制出版社，2004．33～34

② 史尚宽．劳动法原论．台北：正大印书馆，1978．15

③ ［德］拉德布鲁赫．法学导论．米健，朱林译．北京：中国大百科全书出版社，1997．82

④ ［日］星野英一．私法中的人．王闯译．北京：中国法制出版社，2004．68

都必须凌驾其上。”[①]

解雇自由是契约自由理念在劳动法领域的反映与延展。解雇自由理论认为，雇主负担了企业的全部经营风险，为了维持资本的正常运作，雇佣与解雇均系雇主经营权自由的基本内容。雇主可自由解雇劳动者而无须附加任何理由。在契约上，劳动者应对雇主之自由解雇行为负有容忍义务。解雇自由之法理，实际上是将劳动者与雇主置于同一平面，将劳工的辞职与雇主的解雇等量齐观，忽视了对于劳动者基本生存权益的保护。在私法契约自由架构下的劳动关系中，权利义务处于完全的失衡状态，这种失衡状态下的契约自由实质上成为强势一方的强权自由和弱势一方的强权从属，完全背离了契约正义和社会正义的精神。“契约自由……在适用于一名雇主与一名普通的单个雇工签订的契约时，成为一个幌子。”[②] 因此，以强制性的规范对解雇权实施一定的限制，对失衡的劳动关系进行矫正体现了社会法的权利义务观。日本学者渡边祥三认为，“作为对古典民法进行修正的社会法，是以调和具体利益的对立为基本目的的，其实质是通过确立具体的自由来限制和约束私的所有权自由”[③]。如果不对解雇自由的原则进行修正，解雇权的权利行使完全无视劳动者的生存利益和社会安全，那么解雇权也就失去了其存在的理由。

为了保障广大劳动者的生存利益和社会安全，对解雇权施加约束、使雇主负担法定义务，是社会法社会本位的题中之意。如王伯琦先生所言，“为了增进社会人群共同的生活，法律即强制使特定人负担某种义务，剥夺其某种权利，此之谓社会本位的法律”[④]。社会本位的立法表现为以社会利益为终极关怀，追求公正、效率以达到社会

---

① 林佳和. 劳动关系去管制的宪法界限——以德国法为中心之国家学尝试. 台湾政治大学博士论文，2005. 16～17

② [美] 伯纳德·施瓦茨. 美国法律史. 王军等译. 北京：中国政法大学出版社，1997. 138

③ 王为农. 日本的社会法学理论：形成和发展. 浙江学刊，2004 (1)

④ 王伯琦. 近代法律思潮与中国固有文化. 北京：清华大学出版社，2005. 65

利益的最大化。解雇权限制所体现出来的对人性的关怀和促进整个社会和谐发展的思想使劳动契约完成了对传统契约的超越。“劳动合同已不是一种完全私法意义上的合同，它是一种在‘契约自由’原则基础上渗透了国家公权力必要干预的、以社会公共利益为本位的合同。‘社会性’是劳动合同的本质属性。”[①] 伴随着劳动契约对私法契约不断的超越，解雇理论也正在发生潜移默化的变化。

二、从禁止解雇权滥用到正当事由说

在民法架构的解雇法制中，对于解雇权的限制首先是通过禁止解雇权滥用的理论来完成的。禁止解雇权滥用承继的是民法中权利不得滥用的法理。1900 年的《德国民法典》第 226 条规定，权利之行使不得专以损害他人之目的，由此确立了禁止权利滥用的原则。禁止权利滥用作为私法框架下的一种内部纠错机制，是对权利行使的一种抽象性限制，其本身是一个内涵不确定、外延又十分广泛的概念。虽然对于禁止解雇权滥用本质的理解，学术界存在巨大的争议[②]，但并不妨碍其成为现代民法矫正近代民法过分强调个人权利而忽视社会利益的手段。在英美法上，禁止权利滥用的法理和功能，类似于衡平法上的“禁反言规则”。禁止权利滥用是一种对私权的内部限制。“权利的社会性或公共性，才是私权行使负担义务的思想根基，也就是说，禁止权利滥用原则更注重于权利的本质的、内在的性格。”[③] 由于禁止

① 许建宇．劳动合同的定性及其对立法的影响．中国劳动关系学院学报，2005（6）

② 有关禁止权利滥用的本质，民法学界存在客观说、超越界限说、违反权利本旨说和侵权说等多个观点。客观说认为，权利不得滥用是指民事主体在进行民事活动的时候必须正确行使民事权利，不得损害国家和第三人利益。（参见：孙宪忠．民法总论．北京：中国科学文献出版社，2004．51）超越界限说认为，权利行使必有一定界限，超出这一正当界限而行使权利，即为权利之滥用。（参见：梁慧星．民法总论．北京：法律出版社，1999．45～46）违反权利本旨说认为，权利的滥用违反了法律赋予的权利社会性的本质，产生了法律对其效力不承认的效果。（参见：郑玉波．民法总则．北京：中国政法大学出版社，2003．549）侵权说认为，滥用权利是行使权利过程中的侵权行为。（参见：龙卫球．民法总论．北京：中国法制出版社，2002．60）

③ 钱玉林．禁止权利滥用的法理分析．现代法学，2002（1）

权利滥用是基于社会正义、社会利益等对权利的行使所附加的一种“社会性使命”，因此是一个极其抽象性的原则，留给了司法活动能动性的空间。在功能上，禁止权利滥用法理主要是通过清晰界定权利人之间的权利内容界限来达到使权利范围明确化的目的。

禁止解雇权滥用理论在契约自由的基础上，通过对雇主解雇权的行使施加约束条件限制了解雇权行使的范围。这种约束条件的施加，其目的在于纠正解雇自由状态下不当解雇所可能产生的对劳动者生存权益的侵害。“禁止权利滥用原则并不能创设新的法律，而是具有依法排除在将原有法律所规定的权利之内容具体化时所产生的不当结果的功能。”① 因此，禁止解雇权滥用依然保有了对解雇自由的承认，是从民法体系内部导入劳动权来调和劳动者与雇主之间在解雇问题上的矛盾与对立。对于雇主作出的解雇决定，禁止解雇权滥用理论要考虑雇主的解雇行为是否是基于诚实信用，是否是基于社会通念所作出的。否则，将会导致解雇行为的无效。

禁止解雇权滥用法理对解雇自由的修正，虽然对雇主解雇权的行使施加了一定程度的限制，但是这种限制毕竟是有限的。劳动关系的社会化浪潮使这种体系内部的简单修补已经不能承载保护劳动者生存权和工作权的功能。在劳动关系的法律调整由雇佣契约向劳动契约转化的过程中，正当事由说也开始逐步地取代禁止解雇权滥用和解雇自由的理论成为解雇保护的通说。德国在 1969 年制定的《解雇保护法》中确立了正当事由说，成为在解雇理论上采纳正当事由理论的典型国家。

所谓正当事由说，是指雇主如果没有解雇的正当理由，不得解雇劳动者。正当事由说的确立，在立法上首见于国际劳工组织 1963 年的 119 号建议书《由于资方原因终止劳动关系的建议书》，建议书规定：“除非因劳工本身之能力、行为或者基于事业行为需要之正当理

---

① ［日］营野耕毅. 诚实信用原则与禁止权利滥用法理的功能. 傅静坤译. 外国法译评，1995 (2)

由，雇主不得解雇劳工。”由于国际劳工组织的建议书主要是提供给成员国一个施政的目标与指导原则，效力和约束力不及公约。在1982年，此条款又被正式写入国际劳工组织158号公约《由于资方原因终止劳动关系》的第4条之中。公约中还明确列举了不得解雇劳工的理由，并由雇主负担解雇的举证责任。①

理论上认为，正当事由说基本上扬弃了解雇自由原则，处于和解雇自由对立的两极，实质上否定了雇主的任意解雇权。“以正当事由作为解雇权内在的制约，必须法有明文，始得行使解雇权，违法解雇则无效。”② 与禁止解雇权滥用理论相区别，正当事由说要求必须由雇主来提供证据证实劳动合同的解除符合“正当事由”，而在禁止解雇权滥用的理论下，则需要由劳动者来举证证明雇主存在滥用解雇权的情形，以此否认解雇的效力。正当事由说是在私法公法化过程中出现的，其对劳动者生存权和工作权进行了确认，对解雇过程中劳动关系主体之间的权利进行了重新配置。作为附加在解雇权行使上的一种强制性规范，正当事由说以国家的意志来防止雇主解雇权的滥用，体现了社会法对劳动者核心利益的倾斜保护。正当事由理论并非仅仅通过列明解雇范围限制解雇权的行使，它还囊括了包括解雇理由的社会正当性考量、解雇权行使的明定程序、解雇待遇以及不当解雇的法律后果等内容，是由一个完整的体系所构成的。

具有社会正当性基础的正当事由说取代禁止解雇权滥用理论，是“个人本位”的法律向“社会本位”的法律演进的结果。社会法视阈

---

① 国际劳工组织158号《由于资方原因终止劳动关系》公约第5条：不得为解雇劳动者的理由有：“劳动者为工会会员，或于工作时间外参加工会运动，或经过雇主同意在工作时间内参加工会运动；竞选劳工代表，或者为劳动者代表或具备劳动者代表之资格；基于善意之诉讼，或者参与雇主违反法令之诉讼程序；种族、肤色、性别、婚姻状况、宗教、政治立场、社会出身；因产假而缺席”。参见：国际劳工组织网站，http://webfusion.ilo.org/public/db/standards/normes/appl/appl-displayConv. cfm? conv = C158&hdroff = 1&lang=EN，2010-01-12

② 黄越钦．劳动法新论．北京：中国政法大学出版社，2003．157

中的解雇权限制，并不是要由国家意志完全取代解雇自由，主导解雇的全过程。在对解雇权进行强制性限制的同时，正当事由说依旧保有了私法的因子。“正当事由”并非要求事由完全法定，并不要求一定要对解雇的要件进行列举式规定。“正当事由”的含义本身就意味着，对于解雇内容和程序依然存在当事人议定的可能。对于双方当事人在具体解雇事由中的争议，可以由当事人通过司法途径进行解决。

进入21世纪，劳动关系日益社会化和弹性化。禁止解雇权滥用法理与正当事由说的界限实际上已经并不清晰。日本的《劳动基准法》，由于早期缺乏制定法上的根据，在司法判例中采纳了禁止解雇权滥用理论，但对于解雇权滥用的判断基准，见解并不一致。“未告知解雇理由的解雇”与“告知之理由不具合理性，或从该劳动关系来看抑制雇主之解雇系属相当”之场合，即为解雇权之滥用。[①] 由此，解雇权滥用与正当事由之间的划界并非是僵死的。2003年，日本在《劳动基准法》修正案中，对解雇权滥用法理进行了明文化的规定：“解雇如未具客观合理之理由，且未符合社会通念之相当性时，解雇权之行使视为权利滥用，应为无效。”此内容之修改，实际上又向正当事由说靠近了一步。实际上，在立论根据、具体审查标准、举证责任等方面，逐步变化的禁止解雇权滥用理论与正当事由说已并无本质区别。日本在承认雇主解雇权的同时，通过划定解雇权的行使范围和禁止范围，明确限制了雇主解雇权的任意行使。对于因雇主经营性原因而进行的解雇，日本通过法院判决逐渐形成了“整理解雇”的法理。整理解雇的法理对于雇主因为经营性原因的解雇必须要满足人员削减之必要性、解雇回避努力义务、选择被解雇者之妥当性、程序之妥当性四个要件，整理解雇欠缺任一要件，都会被解释为解雇权滥用

---

① ［日］有泉亨．劳动基准法．有斐阁，1963．145．见：王能君．日本解雇权滥用法理与整理解雇法理．台湾劳动法学会学报，2004（3）．49

而无效。[①] 整理解雇在完善解雇权滥用法理的基础上，其实已经几乎等同于正当事由说。

禁止解雇权滥用与正当事由说，本属对私法自治进行矫正的两个路径。前者为私法在劳动关系社会化背景下的自我矫正，后者为私法公法化过程中通过公法因素对契约自治的强制矫正。解雇权滥用说向正当事由说的接近，显示出两个路径正逐步统合于社会法对劳动者生存利益的尊重和承认之下。“正当事由说与解雇权滥用说类似，只是限制程度不同而已。”[②] 而解雇权限制理论的核心问题之一正在于：到底要给解雇自由施加多大程度的限制？

① 王能君. 日本解雇权滥用法理与整理解雇法理. 台湾劳动法学会学报，2004（3）. 57

② 林振贤. 谈谈解雇的法理. 中国劳工，2001（8）

第二章

比较法视野中的解雇权限制模式

第一节　解雇权限制的典型模式

所谓解雇权限制模式，是国家通过法律强制力对雇主的解雇权行使进行干预之后形成的类型化样态。就世界范围来看，由于受到多重因素的影响，各国解雇权限制的模式纷繁复杂。在这些类型中，美国和德国的解雇权限制模式是较为典型的两种。

一、美国的解雇权限制模式

具有判例法传统的美国，以任意雇佣原则（employment-at-will doctrine）作为理论基础。所谓任意雇佣，即雇主得任意雇佣并解雇劳工。任意雇佣原则最早来自于美国学者伍德（Horace G. Wood）在1877年《主与仆》（master and servant）一书中宣示的一个原则：一般的或者不定期的雇佣，推定为任意雇佣。① 任意雇佣原则的原始含义因此被解释为：不定期劳动契约的雇主得以以正当的理由、非正当的理由或者不具有任何理由解雇劳工。伍德的任意雇佣原则最初只是作为一个假设被提出的，但从19世纪末开始，美国法院普遍采用

① Alfred G. Feliu. Primer on Individual Employee Right. The Bureau of International Affairs, Inc., 2nd ed. 2000, p3

了这个假设，并将其作为伍德原则（Wood' Rule）适用。伍德原则为美国带来了稳定和弹性的劳动市场，提供了工业发展的动力，但是也对劳动者的公平权益造成伤害。任意雇佣原则下的解雇无须提前做出通知，也无须支付经济补偿金，它使劳工极其缺乏工作的保障，强化了劳雇之间地位的不平等，而且在一定程度上还作为了抑制劳工立法的手段。1967 年学者 Lawrence Blades 就指出，任意雇佣原则对劳工并不公平，助长雇主滥用权利①，其他很多学者也都认为任意雇佣是一个杂乱无章的原则，缺乏合理性。② 针对任意雇佣原则的问题，美国开始逐步对其进行修正。目前，美国法中的解雇是以任意雇佣为原则、辅助以任意雇佣的例外来限制解雇权行使的。美国的解雇限制主要体现在普通法、制定法和集体协议中。

（一）普通法中的解雇

在普通法上，任意雇佣依然是美国解雇制度的基石。当然，由于任意雇佣原则完全无视劳工利益的考量，依然严格遵循任意解雇原则的州越来越少，目前只有乔治亚、阿拉巴马等州，大多数州都开始对任意解雇进行一定程度的限制。③ 对于任意雇佣的例外，理论上一般可以分解为公共政策、默示契约以及诚信与公平原则。"美国很多州的法院，已经确认了一项诉因，允许其雇员基于以下的理由提起诉讼：违反公共政策、与合同中设定的默示条款冲突、违反雇佣合同中

---

① Lawrence E. Blades. Employment at Will vs. Individual Freedom：on Limiting the Abusive Exercise of Employer Power. Columbia Law Review，December，vol. 67，1967，p1406

② Natalie Bucciarelli Pedersen. A Subjective Approach to contracts? How Courts Interpret Employee Handbook Disclaimers. Hofstra Labor and Employment Law Journal，vol. 26，2008，p101～104

③ Robert C. Bird. Rethinking Wrongful Discharge：A Descriptive-continuum Approach. Seton Hall University-W. Paul Stillman School of Business Working Paper，August 12，2003

的诚信默示条款和默示公平交易义务。”①

1. 违反公共政策的例外

公共政策是最普遍的任意雇佣例外，是指当解雇行为违反公共政策时，劳工可以以不当解雇来提起诉讼。公共政策的例外存在的目的在于使经济上处于从属地位的劳工免受雇主权力的压迫。在违反公共政策的例外方面的一个先驱案例 Petermann v International Brotherhood of Teamsters 中，一个劳工拒绝为雇主作伪证而被解雇。法院最终认为，作伪证的行为本身是犯罪行为，若因此而解雇劳工，是严重破坏公共政策的行为。该案确立了一个基本的原则：雇主不应当强迫劳工从事不法行为，并不得以劳工的工作保障与生计作为威胁。“在 Petermann 案件之后，越来越多的州法院承认，基于以下雇员行为的解雇是公共政策例外的诉因：（1）拒绝实施违法行为；（2）履行重要的公共义务；（3）执行一项法定权利或者特权。”② 履行公共义务的例外主要存在于类似履行陪审员之公共义务的情形，若排除这类公共政策作为解雇的例外，则法院的陪审员人选将不可能获得保障。执行法定权利或者特权的例外也很普遍。在印第安纳州的 Frampton v Central Indiana Gas Co. Frampton 案件中，劳工因为依照雇主的劳工伤残赔偿计划申请伤残给付后被解职。法院认为，雇主的解雇权应当受到限制，因为劳工正在行使法定的赔偿权利。若允许雇主行使此权利，则破坏了公共政策。③ 各州通过判例确立的其他类型的公共政策的例外，集中在揭露雇主的不法行为、揭露雇主违反专门的职业规范、雇主实施报复性解雇等。“大部分州已经通过基本的举报者法律

---

① Mark Berger. Unjust Dismissal and Contingent Worker：Restructuring Doctrine for the Restructured Employee. Yale & Policy review，vol. 16，1997，p9

② Protecting Employees at will Against Wrongful Discharge：the Public Policy Exception. Harvard Law Review，vol. 96，1983，p1932

③ Mark J. Romaniuk. Year In Review：A Survey of Significant 2006 Developments in The Area of Labor and Employment Law And the Impact Upon Indiana Employers. Indiana Law Review，2007，p822

或至少是在单行法特别的条款中为私营部门举报的雇员对抗报复性解雇提供保护。”①

2. 默示契约的例外

美国的劳动契约与一般契约一样，只要符合要约、承诺与意思表示一致三个要素，劳动契约即可成立。劳雇之间可以以明示契约来约定例外条款从而限制雇主的解雇权行使，违反明示条款的解约构成违约。而默示条款也需要具备以上三个要素，当劳动争议发生时，由法院介入，对契约的周边环境进行判断评估，以判断默示条款是否存在。由判例来看，默示契约主要存在于：工作手册、公司政策以及公司的惯例中。例如，工作手册中的内容如果清晰、明确，可以视为要约的存在；在手册被做成承诺声明传达于员工；员工以开始或者继续服务表示接受要约，则手册中的内容作为单方约款（unilateral contract），就产生了契约的效力。“在默示契约理论下，法院已经承认，某些雇主有关工作安全或者解雇程序的行为或者表述，在雇主与雇员进行了充分地、具体地沟通之后，可能在法律上产生契约的约束力。”② 除此之外，禁止反言作为一种普通法的原则在美国劳动法中也发挥着重要作用，即劳工因雇主之承诺而享有的利益应受保护。也就是说，劳雇之间即使欠缺明示劳动契约之规定，雇主仍须受法律约束，对为其服劳务者实现其诺言，以防止劳工因信赖雇主而受到不公正对待。

3. 诚信公平原则的例外

诚信公平原则为民法中的基本原则，其概念并不确定，外延也非常广泛。在普通法中，诚信公平被视为劳动契约成立后的一种默示的劳动关系。在美国，近些年以诚信公平做出对雇主解雇权限制的判例并不多。司法判例中出现过的案例主要存在于：规避给付而解雇劳

① 林晓云. 美国劳动雇佣法. 北京：法律出版社，2007. 140

② Employer Opportunism and The Need for a Just Cause Standard. Harvard Law Review. December，1989，p514

工、恶意或者报复心态解雇劳工等类型。

在美国，截至1992年中期为止，43个州采用了公共政策例外条款，34个州认可员工手册可显示出默示雇佣关系的存在，13个州承认雇主与受雇人之间有默示的公平诚信原则存在。①

另外，在美国劳动法中，除一般劳工适用任意雇佣原则之外，工会成员、公职人员均受正当事由体制的保障。正当事由之解雇，系指基于非恣意、非恶意以及非不法之原因，并且雇主有证据证实该事由真实。② 美国法院所普遍承认的正当事由有：不利的经济情况（如雇主的业务紧缩、停止营运等）以及可归责于劳工个人的事由（比如对雇主实施暴力行为、旷工、工作中醉酒、严重的个人问题等）两大类别。

（二）制定法中的解雇

美国在联邦一级并没有统一的特别解雇专门法。在州一级，也仅有蒙大拿州制定了不当解雇法。作为美国第一个也是唯一的一个禁止不当解雇的州立法，蒙大拿州的不当解雇法（Montana wrongful discharge from employment act）在三方面进行了不当解雇保护：报复解雇禁止，试用期过后雇主以非合理事由（good cause）解雇，违反公司书面明示人事政策的解雇。

美国联邦立法中，对于解雇权限制的内容主要集中在反就业歧视和反报复解雇方面，它们都是作为任意解雇原则的法律特殊规定例外存在于美国的解雇体系之中。（1）反就业歧视立法。美国具有世界上最先进的反就业歧视法律体系，其以美国宪法为基础，民权立法为框架建立起来，辅以不断更新的司法实践来加以完善。以美国宪法修正案第14条“平等法律保护”权利为基石，美国国会通过《美国残疾人法案》《反就业年龄歧视法案》《民权法案》等一系列立法来禁止雇

① William B. Gould. 美国劳工法入门. 焦兴铠译. 台北：国立编译馆，1996. 384

② Alfred G. Feliu. Primer on Individual Employee Right. The Bureau of International Affairs，2nd ed，2000，p60

主的歧视性不当解雇。尤其是1991年的《民权法案》，明确了禁止基于种族、肤色、宗教、性别或者出生国的就业歧视，还要求雇主对故意性歧视行为进行补偿性和惩罚性赔偿。“美国民权法给提起就业歧视的职工带来的最大好处是它允许遭受歧视的职工提起集团诉讼和要求败诉雇主向胜诉职工赔偿律师费。”① 对雇主的歧视性解雇行为，由美国的联邦就业机会均等委员会（The Equal Opportunity Employment Commission，EEOC）做出调查并提起民事诉讼。（2）反报复解雇立法。美国联邦《民权法》保护对雇主就业歧视行为提出投诉或者起诉的劳工不受雇主报复性解雇。除此之外，公民服务改革法(civil service reform act)、反报复保护法（whistleblower protection act)、安全与卫生法中均有反报复条款来对劳工进行解雇保护。

各州对任意雇佣原则的随意调整使劳动关系更加不确定。为了统一不当解雇的标准，美国全国统一法律委员会1990年8月通过雇佣终止示范法（Model Employment Termination Act，META)。虽然这部法律由于各州之间的妥协没有成为全国统一适用的解雇保护法，弱化了强制效力。但作为示范法，它依然迈出了美国解雇保护统一立法的重要一步。该法规定，雇主必须具有合理事由始得解雇劳工。适用该法的条件为：同一雇主雇工5人以上；受雇佣劳工受雇1年以上，且解雇前26周内工作时间至少必须超过520小时。在该法中，合理事由被归纳总结为：劳工个人的因素事由（列举为盗窃、打架、损毁财物、持有毒品、旷工等）和企业经营的因素事由（基于经济性目标、运营模式、雇工数量确定，本着诚信原则进行判断)。可见，这部法律基本上是按照欧洲大陆解雇保护法的模式来建立的。

（三）集体协议中的解雇

美国18—19世纪整个劳动关系的重心，都是团体权利（collective right)、团体协商（collective bargain)、筹建工会（unioniza-

① 林晓云．美国劳动雇佣法．北京：法律出版社，2007．132～133

tion)。20 世纪 80 年代之后，才开始向个别劳动关系方向改革。“大部分劳工都由于团体协约的存在而享有工作权和工作保障权，从雇佣自由的原则中解脱出来。”[①] 集体协议的存在，使任意雇佣原则不再绝对。在美国，对于一般劳动者的解雇保护，大多是通过集体谈判制度来完成的，谈判所签订的集体协议中，大都包含了除“正当事由”外禁止解雇员工的条款。[②] 集体协议在有效期内（一般为 2～3 年），雇主不得将其任意解雇。这些条款均可以通过申诉、仲裁程序得到强制执行。团体协约的出现大大降低了违反默示契约和公共政策为解雇事由的诉讼可能。到了 20 世纪 80 年代之后，“美国工会组织的加速衰退，使过去更多依靠集体谈判来进行解雇保护的法律体系发生了重大改变，促使法官承认不受限制的‘雇佣自由’在适用上存在很多的例外”[③]。

美国的解雇法，在习惯法传统下依然是以任意雇佣思想作为基础。各种对于解雇权的限制均以“例外”的形式出现。因此，雇主在相当大程度上依然掌握着解雇的自主权。司法机构被认为是解决解雇问题的最佳判断者。“事实上，美国不当解雇法域之发展，可说是由各州之法院加以推动，而并未通过立法机构。”[④] 这种思想与美国的经济、社会、法律发展环境有着密切联系。主张雇佣自由一直是美国经济学界和劳动法学界的主流观点，他们对于国家力量的介入始终保持警惕之心。波斯纳就认为：“解雇保护法对员工的‘工作保障并非真正有效率’，而雇佣自由是劳动合同的普遍形式。”[⑤] 那些美国法中

---

① 宋季芸．解雇事由之研究——台湾与美国的比较．台湾中原大学硕士论文，2006．28

② 王益英，黎建飞．外国劳动法和社会保障法．北京：中国人民大学出版社，2001．293～300

③ 程延园．英美解雇制度比较分析．中国人民大学学报，2003（2）

④ William B. Gould．美国劳工法入门．焦兴铠译．台北：台湾编译馆，1996．383

⑤ ［美］理查德·A．波斯纳．法律的经济分析．蒋兆康译．北京：中国大百科全书出版社，1997．432

对于任意雇佣的限制，归根到底还是围绕任意解雇原则来进行的。例如，在谈到公共政策例外原则时，美国有的学者就认为："由于法院已经限制了狭窄的雇主不当行为的范围，公共政策的例外只不过是强化了雇主毋庸置疑的解雇权的合法性。"①

二、德国的解雇权限制模式

劳动契约在德国被视为平等主体之间的一种法律关系，是德国民法中雇佣契约的一个下位概念。在社会国理念的浸浸下，德国形成了自身独特的产业民主思想，员工对企业治理进行了广泛的民主参与。因此，德国的解雇权限制模式也被深刻地打上了产业民主的烙印。

在德国，并没有统一的劳动法典。除了民法典中的雇佣契约条款之外，解雇保护制度主要包括 1952 年的《企业组织法》、2001 年的《劳动岗位保护法》和 1969 年制定的《解雇保护法》。尤其是《解雇保护法》，它推翻了德国民法契约自由终止的原则，针对雇主对劳动契约的终止规定了正当性要求，以维持劳动者工作的存续。《解雇保护法》适用于连续工作超过 6 个月的员工，雇员 5 个人以上的企业。② 该法区分了一般终止（正常终止）与特别终止（非常终止）。原则上，一般终止即为经预告之终止，特别终止即为不经预告之终止。前者一般适用于不定期合同，设定预告期的目的在于使被动终止的一方得以有时间重新适应新的环境变化。而特别终止是指，如果出现重大事由，不能期待终止一方将合同维持至约定时刻或者可能的终止期限，终止方享有非常终止权。非常终止不需要预告期，定期契约和不定期契约均可适用。相应地，作为终止下位概念的解雇，也可以区分为正常解雇与非常解雇。

---

① Feinman. The Development of the Employment at Will Rule，20 Am. J. Legal Hist. 118，132～133（1976）//Protecting Employees at Will Against Wrongful Discharge：the Public Policy Exception. Harvard Law Review，vol. 96，1983

② 1996 年德国修订法律，将雇员 5 人以上的企业改为雇员 10 人以上，1998 年又改回 5 人以上，意在扩大《解雇保护法》的适用范围。

（一）正常解雇保护

德国《解雇保护法》主要针对正常解雇，正常解雇需要具备形式上和实体上的要件。

正常解雇的形式要件有解雇的意思表示、听证程序、预告期间三方面。（1）解雇的意思表示送达被解雇的员工时发生法律效力，并不要求解雇一定为书面形式。（2）雇主的解雇必须经过员工委员会的听证程序，未经过听证的解雇，不发生法律效力。[①] 按照德国新修正的解雇保护内容，听证制度不仅适用于正常解雇同样适用于非正常解雇。依据《企业组织法》的规定，企业有 5 名员工以上，且 3 人以上具有被选举权的，应组成员工委员会。员工委员会一方面检视终止理由是否真实合理、提出疑问，另一方面也要考虑企业的实际状况。《企业组织法》确立了员工委员会的解雇听证权以及企业的解雇报告义务。员工委员会可以对解雇提出裁决意见，该意见没有法律上的拘束力，但是会对雇主产生威慑力。如果雇主不顾员工委员会的异议裁决，依然终止契约的话，劳方在诉讼进行中，可以依据异议裁决，请求裁定或者判决确定之前，不变更劳动条件继续雇佣。听证程序的存在使个别劳动者的解雇保护具有了集体性质。听证绝非走过场的形式，在解雇诉讼中，雇主未写入听证报告内容的解雇事由，即使符合实体上的社会正当性原因，也可能会因没有经过听证而不被法庭采纳。"如果雇主不尊重听证程序，那么解雇将无效，并且之后再进行的听证程序也不能治愈这种无效。"[②]（3）正常解雇的预告期限依据劳动者受雇时间之长短而有不同，最长可达 7 个月。[③]

---

① 德国《企业组织法》第 102 条。参见：劳动和社会保障部劳动科学研究所. 外国劳动和社会保障法选. 北京：中国劳动出版社，1999. 711

② Achim Seifert & Elke Funken-Hötzel. Wrongful Dismissals In The Federal Republic of Germany. Comparative Labor Law and Policy Journal，vol. 25，2004，p492

③ 25 岁以上的劳工，工作 2 年以上者预告期为 1 个月，工作 5 年以上的 2 个月，工作 8 年以上的 3 个月，工作 12 年以上的 5 个月，工作 15 年以上的 6 个月，工作 20 年以上的 7 个月。

正常解雇中的实体要件主要有两个：一是解雇要有合理的解雇事由，二是解雇符合社会正当性。（1）依德国《解雇保护法》的要求，劳工连续工作 6 个月以上时，解雇要求有合法的解雇事由。《解雇保护法》所列举的解雇事由可以分为三类：劳工个人因素的终止事由、劳工自己的行为的终止事由和企业营运方面的终止事由。劳工个人因素的终止事由主要见于劳工的受伤以及重病。对于长期疾病导致的解约，德国司法判例还发展出了三步检查模式。① 劳工自身行为的终止事由主要集中在违反合同主、从义务，例如泄露商业秘密、违反工作规则情节重大、侮辱雇主、对同事性骚扰等。企业营运方面的终止事由主要发生在企业改组、亏损、业务紧缩致劳工无工作可安置时。对于企业需要解雇并非超员员工的，需要将企业的自身原因与具体解雇相联系，提供给法院做参考。（2）最能体现德国解雇权限制特点的是，雇主在出具解雇通知之前，应就解雇对象之劳工，进行“社会妥当性选择”。选择解雇对象时，要充分斟酌所有劳工的社会性因素，如工龄、婚姻、家庭状况、年资、年龄等，以挑选出受损害最小的劳工，否则该解雇会因缺乏社会正当性而为非法。② 也即，若雇主在解雇前未进行过“社会妥当性选择”或者选择因具有瑕疵而不够充分的，会使解雇因非法而无效。此选择与法定终止事由同样重要，但问题是选择的范围和标准较难统一。德国学界及实务界曾多次尝试将社会化因素具体化，但终因个案不同，而未达成。③

（二）非常解雇保护

非常解雇系指对于劳工而言，有不可期待其继续劳动关系之重大

① 三步检查模式要求，首先在解约时对生病劳工在目前范围内继续生病的证明是客观事实或者在可预见的时间内不能期待恢复其劳动能力，其次目前和可预测的影响可能导致企业利益的显著损害，最后应当谨慎地权衡利益，看这些损害在雇主可预计的各种克服措施下能否合理地不再导致雇主负担的增加。参见：［德］W. 杜茨. 劳动法. 张国文译. 北京：法律出版社，2005. 128～129

② 黄程贯. 判断雇主劳动契约终止有效与否之决定性时点（一）. 政大法学评论，1991（43）. 273

③ 郭玲惠. 终止劳动契约——兼论德国之制度. 中兴法学，1994（5）. 45

事由为前提而进行的终止，因不具有可期待性，因此不附预告期即可终止，仅有意思表示就可发生效力，定期、不定期劳动契约均可适用。非常终止是法律行为基础丧失理论的法定明文表现。① 特别终止集中体现于德国民法典第626条，其他并无特殊立法。德国民法中对于特别终止，在其626条规定："根据这些事实情况，并在考虑一切个别情事和在权衡合同当事人的利益时，不能要求终止人将雇佣关系继续至终止期间届满或至约定的雇佣关系终止的，雇佣关系可以由合同任何一方当事人因重大事由不遵照终止期间终止。"② 非常解雇的发生源于重大事由，重大事由成就特别终止权。此处之重大事由为一不确定的法律概念，德国民法并未列明。因此，判断是否为"重大"事由，必须斟酌具体个案中的事实并就当事人利益分配状况进行利益衡量。"鉴于非常终止的'即刻'消灭合同关系的特性，判断重大事由成立的标准，一定比正常终止必须的社会正当理由要严格。非常解雇的劳动保护精神就体现在这里。"③ 依据德国民法，雇主必须在重大事由发生两周内行使特别终止权。

（三）最后手段原则

德国在司法判例中创立的最后手段原则，对世界解雇保护制度产生了重要的影响。"最后手段"，从文义上看，为无法回避、不得以之手段，是公法中广义比例原则（必要性、有效性、狭义比例原则）中的必要性原则，其内容表现为在达成目的的各种手段中，应当采取对权益干预最轻微者。1969年的《解雇保护法》之后，德国联邦劳动法院在1978年的判决中明示：作为最后手段的劳动契约终止，不论其解雇事由如何为何，为通常或者非常终止，仅当另无其他（包括变更劳动条件）继续雇佣劳工之可能时，方属正当。④ 最后手段原则意

---

① 林更盛．德国劳动契约终止问题之研究．台湾大学法律研究所硕士研究生论文，1985．36

② 德国民法典．杜景林，卢谌译．北京：中国政法大学出版社，1999．157

③ 黄卉．德国劳动法中的解雇保护制度．中外法学，2007（1）

④ 林更盛．劳动法案例研究．台北：翰卢图书出版有限公司，2002．262

味着，解雇必须是不可避免的，如果有一个期待可能的手段存在，这个解雇就有瑕疵。德国理论认为，私法关系中，当一方权利行使的结果影响到另外一方的权益，应当保持一定的界限。若权利之行使已经明显偏离法律赋予此权利之目的，需要有比例原则作为法益的权衡标准，介入私法关系进行审查，对权利之行使进行限定。依照最后手段原则，雇主实际上在解雇前，应当采用较轻的警告、申诫、或者变更劳动条件继续雇佣等之后，方可实施解雇。否则，不符合最后手段的无效解雇会使雇主付出高额的补偿费。“多数德国学者认为，最后手段原则本质上无非是诚信原则的下位的具体原则，雇主因此在解雇时应优先考虑的措施为：（1）警告或者申诫、惩戒处分；（2）调职；（3）变更劳动条件继续雇佣；（4）变更终止；（5）通常终止；（6）非常终止。”[①] 例如对于一个经常迟到的劳工，正确的雇主举措应当是先行警告、申诫，如达不到效果再行扣薪，最后才能解雇。

解雇的最后手段原则要求雇主在解雇之前应当尽到“尽力回避之义务”，即有解雇劳工之必要，无适当职位之安置，才能行使解雇权。“这种解雇的限制实际上是一种对‘劳动关系’存续的保护，不同于其他国家的‘补偿保护’。”[②] 德国司法判决所创设的最后手段原则，实质上已经逐渐成为解雇事由的核心原则，其对日本、法国等大陆法系国家所产生的影响显见于这些国家的立法和司法实践之中。

（四）解雇无效的一般条款

解雇作为一种单方法律行为，适用德国民法中有关法律行为无效的理论，违反诚实信用、公序良俗或者禁止性法律规定，都会导致解雇无效。除此之外，德国劳动法对于解雇行为设置了一系列禁止性规定，作为对解雇权行使的反向限制。这些规定主要指正常解雇和非常解雇中必须履行的条款：（1）企业委员会人员、雇员代表、工会分子

---

① 林更盛．论广义比例原则在解雇法上之适用．中原财经法学，2000（5）．72

② 朱静舫．德国解除雇佣关系时错误社会选择的法律后果及相关责任．中国劳动关系学院学报，2008（2）

等的解雇保护；（2）孕妇和妇女的解雇保护，不得正常解雇怀孕以及分娩 4 个月之内的妇女；（3）父母假期的解雇保护，对于孩子 3 岁前的父母，在其不超过 12 个月的父母假期内不被解雇；（4）职业培训人员的保护；（5）服兵役和民役的解雇保护，兵役和民役期间，劳动关系处于暂停状态，免于解雇等。[①]

（五）解雇保护诉讼和解雇补偿金

2004 年开始，雇员认为解雇因为缺乏社会正当理由或者其他原因无效时，可以在接到解雇通知 3 周内向劳动法院提起诉讼，要求法院判决解雇无效。此规定已适用于所有类型的解雇。在通知之后的 3 周内，解雇效力实际上处于悬置状态。如果员工 3 周内不起诉，即使解雇存在社会正当性理由，正当性的瑕疵也将在 3 周届满时被治愈。如果被解雇员工提起诉讼，悬置期继续延长至判决做出之日，裁决前雇主应不改变劳动条件继续雇佣该员工。如果判决认定解雇有效，则解雇自始有效。

法院认定解雇无效，如不能维系劳动关系，可判决雇主支付一次性赔偿金。赔偿金一般为 12 个月的报酬，赔偿金额最高可达到 18 个月报酬。在德国，雇主仅在根据劳动双方协调计划有义务或者必须进行损失赔偿时，才支付赔偿金。德国的赔偿金制度已经演化为一场独特的和解制度。在法庭之外，“雇员不再坚持解约的无效，而是从雇主处得到失去职位的损失赔偿金”[②]。

第二节　解雇权限制的三个比较维度

美国与欧洲大陆基本上采用了两种截然相反的模式来对解雇施加

---

① ［德］W. 杜茨. 劳动法. 张国文译. 北京：法律出版社，2005. 118～120

② Herald Schliemann. 中德劳动合同法——劳资协定法之比较. 见：中华人民共和国劳动和社会保障部法制司. 中德劳动和社会保障法：比较法文集. 北京：中信出版社，2003. 93

限制。美国是以任意雇佣为原则、辅助以任意雇佣的例外来限制解雇权行使的，其基本的思路是通过规定“什么情况下不得解雇”来抑制雇主解雇权的行使。这与欧洲大陆普遍采用的规定“什么情况下可以施行解雇”的模式迥然不同。这种任意性解雇模式是在长期发展过程中形成的，与美国奉行的自由主义思想有着密切的联系。在美国，生存权问题不足以成为限制私人所有权的依据。在劳动契约这样的继续性契约中，契约需要的持续性信赖丧失的可能性很高，因此必须要保障解约的自由。只有在恶意以及不正当情况下所为之解雇，才是真正的解雇权滥用。在成文法中，美国的解雇保护也是以禁止歧视解雇为中心建构的，主要在于控制解雇中制度性歧视的发生，也不对解雇进行过分干预。因此，美国的劳动法主流理念反对以解雇权滥用的法理限制一般性的解雇，形成了其在世界上独树一帜的解雇权限制模式。美国模式根植于自由竞争的劳动力市场和浓厚的文化背景，是与美国经济能力配比的结果，在其他国家很少有成功复制的例子。

作为欧洲大陆典型代表的德国，对雇主解雇权行使施加了多重限制。虽然德国的制定法并没有对具体的解雇事由进行法定列举，但通过对社会正当性要素的满足以及听证、通知期间等程序性要求，使雇主的解雇实施起来实际上受到多方约束，而司法上的最后手段原则更使实践中的合法解雇实施起来难度加大。日耳曼人这种独有的解雇保护制度使德国成为严格解雇权限制模式的代表之一，也引领了世界解雇权限制模式的潮流。如果基于相同或者相似的评价标准对各国解雇权限制模式进行分析，依然不难看出解雇权限制的基本逻辑线索。在劳动法律内部，对于解雇权实施的限制主要从解雇事由、解雇程序和解雇待遇三个方面入手。这三个维度作为判断解雇权限制程度的基本标准，立体地形成了一个国家解雇权限制的法律构造。解雇事由作为解雇的实体性要件，是解雇权行使的核心限制因素；解雇程序作为解雇过程必须遵循的步骤和方式，将解雇权的行使置于法律秩序之下；解雇待遇作为雇主解雇需要负担的成本，是对解雇施加的经济性内在约束。三个标准维度的设定，使解雇权的限制方式趋于类型化。三个维度中所蕴涵的大量的同质性因素，构成了比较对象的共同性，即比较法意义上的“比较的第三项”[①]，提供了不同法律之间进行比较的基础和视角。通过对三个维度的梳理，可以展现出解雇保护的面貌。

一、解雇事由的比较维度

除了美国、瑞士、英国普通法系国家的解雇不需要解雇事由外，大多数国家均采用了正当事由说作为解雇的理论基础。德国、法国、瑞典、日本、西班牙、我国台湾地区均要求解雇的实施应当具有正当事由。但对于解雇事由“正当”的具体客观依据，立法中常采用列举具体解雇事由以及使用概况性语言抽象描述两种处理方式，其中尤以后者居多。例如我国台湾地区将具体可适用之解雇事由明定于其“劳动基准法”[②] 中，我国《劳动合同法》对解雇事由的具体列举，均属于前者；而法国依据其 1973 年新法律的规定，要求解雇理由应当是“实际的严肃的理由”[③]，日本则要求解雇事由是“客观上合理之解雇理由以及解雇需具有社会正当性”[④]，属于后者。具体事由的列举模式简单易行，而采用抽象性概况模式实际上是授权司法判决对具体个案做出判断。抽象性概况解雇事由的立法技术，在实践中一般需要社会性选择原则或者最后手段原则的配合。

“社会性选择”意味着对于解雇员工的挑选应当遵循一定的标准，

① 朱景文．比较法总论（第二版）．北京：中国人民大学出版社，2004．15

② 我国台湾地区“劳动基准法”将解雇分为预告解雇与惩戒解雇，其第 11 条、第 12 条分别列举了预告解雇和惩戒解雇的具体事由。

③ 依据法国最高法院社会庭的判例，“实际的理由”要求雇主所提出的解雇理由首先必须是“客观的、而非主观推测或者先入之见，也不得与雇主的心情好坏有关”，其次必须是“具体的、现实存在的理由”，最后要求是“确切的，而不是把真实动机隐藏其后的一个借口”。“严肃的理由”首先指雇员所犯的过错“达到一定严重程度，以至于劳动关系存续下去可能给企业带来持久损害的理由”，其次，还必须“与职业相关”。司法实践认为，不符合“实际的严肃的理由”将会导致解雇的无效。参见：郑爱青．法国劳动合同立法的启示．法学杂志，2002（5）

④ Callum Campbell. Labor & Employment 2006. Law Business Research Ltd, 2006，p89

以使裁员的社会性影响降低到最小。瑞典 1982 年的《雇佣保护法》中有与德国《解雇保护法》类似的社会性选择规定，因为工作短缺引起的解雇，解雇的实施按照雇员受雇的资历来确定优先雇佣的顺序，被解雇的员工享有再次受雇的优先权。① 这种在解雇制度中确立的优先留用、优先雇佣已经为多国劳动法制所普遍接受。而德国在司法实践中所创设的最后手段原则，如前所述，实际上要求雇主在实施解雇之前应当穷尽其所有的补救手段。“尤其是在对解释与适用蕴涵不确定法律概念或者代价值补充之法律概念的解雇事由时，应参照最后手段原则决定之。”② 最后手段原则很好地平衡了劳动者与雇主在解雇过程中的利益冲突，并且衔接了立法与司法之间的沟通。法国劳动法中，解雇的实施除了受“实际的严肃的理由”限制之外，还受到多个保障性法律规定的限制。例如，在进行经济性解雇③时，法国 1989 年的法律要求同时实施“社会计划”的保障措施，即雇主必须回避解雇与减少人数，在无法回避解雇时，应首先考虑对员工进行分配安置，尤其对于高龄员工应以调职为优先选择。同时，“职业转换协议”的保障措施要求雇主在解雇时提供劳工领用津贴和接受职业训练的机会，以备劳工的再就业之需。这些解雇的保障措施本质上与最后手段原则如出一辙，形成了对雇主解雇权行使理由的变相限制。韩国等国也普遍采用了类似做法。④

受德国法的影响，日本在因雇主经营性原因的解雇中，在“解雇权滥用法理”的延长线上发展出“整理解雇”的四要件说，很好地融

---

① Tore Sigeman. 瑞典劳动法简介. 见：叶静漪，Ronnie Eklund. 瑞典劳动法导读. 北京：北京大学出版社，2008. 18

② 林更盛. 劳动法案例研究. 台北：翰卢图书出版有限公司，2002. 265

③ 法国劳动法的解雇分为个人原因的解雇和经济原因的解雇。经济原因的解雇是指因经济困难或者技术工艺改变致使员工工作被取消或者变更，或致使劳动合同发生实质性变更。

④ 程延园，王甫希. 日韩解雇制度比较分析——解雇中的法律和经济问题. 北京行政学院学报，2008 (6)

合了大陆法系国家在解雇事由方面的先进经验。日本的劳动司法实践认为，经营性原因的解雇必须要满足人员削减之必要性、解雇回避努力义务、选择被解雇者之妥当性、程序之妥当性四个要件。这几乎就是最后手段原则以及社会选择原则的细致化与具体化。但是，鉴于“四要件说”过于严格的限制性，1999 年之后日本主流的裁判开始采用“四要素说”，以对劳动关系做出弹性化调整。①

在对解雇理由做出正面规定之外，大多国家都通过反向禁止性规定列举了解雇的“禁区”。这些禁止性内容大多包括怀孕期妇女解雇禁止、歧视性解雇禁止、工伤和职业病治疗期间解雇禁止等。

二、解雇程序的比较维度

法律程序作为法律行为所遵循的一种方法或者步骤，实现着法律的正义观。“程序的公正性的实质是排除恣意因素，保证决定的客观正确。”② 解雇程序的存在，对解雇行为的滥用形成制衡，保证解雇权行使中选择的合理化与规范化。整理各国的法律内容不难看出，解雇程序主要是通过预告期的设置、劳资协商以及通知行政部门三个机制来实现（见表 1）。

表 1③　　部分典型国家和地区解雇程序

国家或地区	预告期	解雇的事前协商	告知行政部门	大量裁员的特殊程序
澳大利亚	至少 4 个星期	无规定	无须告知	集体性裁员告知工会并协商，15 人以上的解雇需报告政府部门

① 四要件说意为四要件作为解雇的必要条件，欠缺其一，解雇即为无效。四要素说认为四个条件仅为四个要素的类型化，并非是不存在就不发生法律效果。参见：王能君．日本解雇权滥用法理与整理解雇法理．台湾劳动法学会学报，2004（3）．63

② 季卫东．法治秩序的建构．北京：中国政法大学出版社，1999．14

③ 本列表根据 Callum Campbell．Labor & Employment 2006，Law Business Research Ltd，2006 中的数据以及各国劳动立法的相关资料整理而成。

续表

国家或地区	预告期	解雇的事前协商	告知行政部门	大量裁员的特殊程序
奥地利	6 周至 5 个月	解雇前通知劳资协议会	无须告知	提前 30 天通知政府相关部门批准
加拿大	视具体情况确定	无原因解雇需书面通知个人	无须批准	提前 4～18 周通知个人，集体解雇须通知工会并通知相关政府部门
法国	最长 2 个月	书面通知面谈，面谈之后发出解雇通知，经济原因解雇通报劳资协议会并咨询其意见	无须告知	经济原因解雇向行政主管机构申报裁员
德国	4 周至 7 个月	解雇前通知劳资协议会并与其协商	无须批准，特殊人群的解雇例外（残疾人、怀孕妇女等）	雇主告知劳资协议会并与其协商，解雇 30 天通知联邦就业行政机构
日本	提前 30 天通知	无规定	无须告知	非可归因于员工的解雇在一个月内自愿终止合同，30 人以上报告就业安全部门
荷兰	1 ～ 4 个月	口头或书面通知个人	获得工作和收入中心（CWI）批准后终止劳动合同	3 个月内裁员 20 人以上通知工会
西班牙	30 天	书面通知个人	无须告知	通知工会和工人法律代表并进行协商，由协商代表多数通过。集体性解雇需要政府授权，劳资协商无果情况下政府部门决定部分或者全部接受或者拒绝雇主的申请

续表

国家或地区	预告期	解雇的事前协商	告知行政部门	大量裁员的特殊程序
瑞士	1～3个月	无规定	无须告知	集体性裁员通报劳工代表机构并协商。若集体裁员劳资协商无果，雇主书面告知政府劳动部门
英国	1～12周	通知员工与员工面谈。通知工会，听取工会意见	无须告知	裁员20人以上需通知贸易和工业部
美国	无规定	无规定	无须告知	大量解雇或者关厂需提前60天通知个人并通知工会。大量解雇告知州政府
中国台湾	10～30日	无规定	无须告知	大量解雇通知工会、劳资会议劳方代表、全体劳工，进行劳资协商；大量解雇通知主管机关并公告。主管机关可组织劳资协商委员会协商
韩国	提前30天通知	书面通知个人	无须告知	大量解雇提前50天通知工会并协商裁员，超过法定人数报告政府部门
瑞典	1～6个月	通知工会并与工会协商	无须告知	

预告期在解雇程序中的作用在于为被解雇劳工提供时间上的准备，使其可以另觅新职。但是并非所有的解雇类型均有预告期。各国立法中大多规定，由于不良行为而引发的解雇（惩戒解雇或称即时解雇）无解雇预告期之规定。这些不良行为主要集中于劳工盗窃、欺诈、泄露商业秘密、严重违约、严重违纪等行为。在预告期的具体期

限确定方面，大多数国家都采用和工作年限挂钩的模式，工作年限越长，预告期越长。也有一些国家（如日本、西班牙）采用单一期限。极个别国家（如加拿大）将预告期与劳工年龄、工作期限、工作职位和补偿情况等多个因素进行联系之后做出判断。在预告期的具体实施上，一般国家都允许雇主在预告期和支付预告期期间和相应劳动报酬之间（代通金）进行选择，只有极少数国家（如奥地利、荷兰）不允许代通知金来替代预告期间的存在。日本还允许预告期和代通金支付的结合使用。①

劳资之间的协商并非是所有国家法律都认可的解雇必经程序。但是在大量解雇的立法中，更多的国家还是要求征求劳工代表机构的意见，以最大限度地体现产业民主。

政府劳工部门对于解雇程序的介入一直都是一个备受争议的问题。除了极少数国家（如荷兰）要求解雇必须经过官方行政机构之外，大多数国家对于一般性的解雇都不要求经过行政通告这一程序。但是对于大量解雇，几乎毫无例外的，各国立法均要求政府劳动行政部门介入其中以发挥监督作用。更有甚者，有的国家或地区（如西班牙和我国台湾地区）政府劳动行政部门在大量解雇程序中还起着组织和主导的作用。

三、解雇待遇的比较维度

解雇待遇为雇主实施解雇时，被解雇劳动者从雇主那里获得的金钱或者利益给付。在劳动法上，一般性的解雇待遇仅指经济补偿金。经济补偿金（severance pay）又称“资遣费”或者“遣散费”，为雇主依法解除或者终止劳动合同时，向无过错的劳动者一次性支付的补偿金额。广义的解雇待遇除了包括经济补偿金的支付之外，还包括非法解雇的赔偿金支付，即雇主在违反法定解雇标准实施解雇应当向被

---

① 依据日本《劳动基准法》第 20 条，30 天的预告期中，可采用前一部分期间作为通知期，后一部分期限用平均工资代替的结合方式。例如，雇主可向劳工预告 12 天之后解雇发生，向劳动者支付剩余 18 天通知期的平均工资作为代通金。

解雇者支付的金额。经济补偿金与非法解雇赔偿金的法律性质截然不同。经济补偿金事实上是雇主实施解雇所负有的法定义务，而赔偿金实际上是违反法定义务之后雇主应当承担的法律责任。虽然非法解雇的赔偿金有时候也以“补偿金”的名称出现，但其与正常解雇下的经济补偿金有着本质差异。

从各个国家劳动立法的规定来看，在解雇时支付经济补偿金并非所有国家的通例。美国、澳大利亚、德国、新加坡、日本的劳动立法中均没有关于经济补偿金的规定。当然，这并不意味着这些国家的雇主在实施解雇的时候就不需要额外支付金钱的补偿。实际上，虽然立法没有明定经济补偿金的支付标准，但是在这些国家的集体劳动合同以及个别劳动合同中，雇主大多会与雇员进行经济补偿金支付的约定，甚至有的公司建立起专属于本公司的经济补偿金制度以作为企业激励员工计划的一部分。

对于支付经济补偿金的范围，大多数国家都排除了惩戒解雇（即时解雇）的适用。这是因为经济补偿金的支付要求建立在劳动者无过错的基础之上。对于不可归责于劳动者以及由于雇主原因的解雇，原则上都需要支付经济补偿。在支付的计算标准上，多数国家都以劳动者的工资作为基数，按照工作年限的长短确定补偿额度。一些国家（如荷兰和英国）在计算中还考虑了第三个因素，即劳动者的年龄。个别国家（如意大利）还通过立法对经济补偿金的支付金额进行定期调整以应对物价的涨幅（见表 2）。①

---

① 依据意大利《意大利民法典》第 2120 条，对于劳动合同终止时支付的经济补偿金：“除每年应当计入的工资额以外，本条第 1 款规定的待遇在年度待遇总额的基础上于每年的 12 月 31 日按照固定比例增加 1.5%，再增加中央统计局根据职工家庭本年度与上一年度 12 月份相比的消费情况公布的物价指数增幅的 75%。”参见：意大利民法典. 费安玲译. 北京：中国政法大学出版社，2004. 496～497

表 2①　部分典型国家和地区解雇待遇支付标准

国家	标准
智利	每一个工作年限补偿 1 个月工资，最高支付 11 个月工资，每月工资最高计算基数为 2 080 美元
法国	解雇两年雇佣期以上员工需支付经济补偿，每一个工作年限支付 1/10 的月工资，工作年限超过 10 年，每增加一个工作年限多付 1/15 月工资
德国	无经济补偿。在法庭确认无效解雇且雇主不愿维持原劳动关系时，向被解雇者支付 12 个月劳动报酬的赔偿，50 岁以上、15 年以上工龄的员工需支付 15 个月劳动报酬赔偿；55 岁以上、20 年以上工龄的员工需支付 18 个月劳动报酬的赔偿
印度	每一个工作年限支付 15 天工资的经济补偿
爱尔兰	对两年以上工龄的劳动者实施裁员（redundancy）支付经济补偿。每一个工作年限支付两个星期工资的经济补偿，周薪按照最高 600 欧元计算
意大利	一个工作年限支付 1 个月工资的经济补偿，补偿额为每年收入除以 13.5（基数）乘以服务年限的年数
马来西亚	每一个工作年限 10～20 天工资的经济补偿
荷兰	立法中无经济补偿金支付的规定。但法庭一般依劳工年龄按照每一个工作年限 1～2 个月工资进行经济补偿
俄罗斯	以平均月薪为基础支付，支付范围在 2 周周薪至 3 倍月薪
西班牙	每一个工作年限支付 20 个工作日工资经济补偿，最高支付 12 个月工资的补偿金。在不当解雇和无理由解雇情况下，每一个工作年限支付 45 天工资的补偿金，最高支付 42 个月的工资补偿
土耳其	每一个工作年限支付 30 天工资的经济补偿，有最高封顶

① 本列表根据 Callum Campbell，Labor & Employment 2006. Law Business Research Ltd，2006；劳动和社会保障部劳动科学研究所. 外国劳动和社会保障法选. 北京：中国劳动出版社，1999 中的数据，以及各国解雇权限制的相关立法资料整理而成。

续表

英国	成文法下的裁员，对于2年以上工作年限的员工适用经济补偿金。每一个工作年限依员工年龄的不同支付0.5～1.5周的周薪。支付基数的周薪限制最高380英镑，最高支付年限20年。[①]制定法下的不公平解雇，雇主需要支付基本补偿（最高11 400英镑）、赔偿性补偿（最高65 300英镑）、附加补偿（最高19 760英镑）等赔偿金。
中国台湾	一个工作年限支付一个月平均工资经济补偿

第三节 解雇权限制模式的个性化解析

虽然解雇权限制的三个维度提供了对各国解雇权限制进行比较研究的基础，但是也间接显示出解雇权限制的复杂性和差异性。几乎每一个国家或者地区的解雇权限制都是一个结构相对缜密的体系。以比较法的视角观察，解雇权的限制模式实际上是一个类型化与个性化的交织与糅合。虽然存在着诸多同质元素，但这并不妨碍诸多极具个性特质的存在。解析其中原因，一国解雇权限制模式的形成乃是多种力量耦合的结果，这些力量在历史的积淀中互相碰撞发生位移，自然产生极大的个体化差异。就一个国家或者地区解雇权限制模式的形成而言，其受到法律体系结构、工会力量、劳动力市场、企业文化、社会保障水平等多重因素的影响。

首先，一国的法律结构对解雇权限制模式的形成有潜移默化的影响。就英国而言，存在着两个不同的解雇系统，一个是建立在普通法违反合同约定基础上的非法解雇（wrongful dismiss），一个是建立在制定法基础上的不公平解雇（unfair dismiss）。两个体系对于解雇权的适用完全不同。普通法只是在程序上要求雇主提供预告期，解雇理

① 数据来源：http://www.compactlaw.co.uk/free_legal_information/employment_law/empf25.html，2009-12-05

由的存在与否都不影响解雇的效力。除非劳动者有重大的行为不检或者重大过失，雇主得以即时解雇才有必要提供正当理由。雇主可以基于怀疑先行解雇劳动者，然后再寻找劳动关系存续期间劳动者的盗窃、失职等行为，溯及既往地使解雇合法化。制定法的不公平解雇只适用于连续被雇佣超过一年的员工。制定法中的解雇须有正当理由，并且理由必须在解雇决定时就已存在且为雇主所明知，否则构成不公平解雇。[①] 即使雇主的解雇理由充分，但若劳动者能证明解雇属于制定法禁止之“自动不公平解雇理由”（如成为工会会员或者参加工会活动的解雇、怀孕的解雇、主张某种法定权利的解雇），则雇主仍构成不公平解雇。[②] 除了理由正当之外，制定法的解雇还要求雇主注意程序的公平性。根据《2002 年英国雇佣法令》中的训诫解雇程序 DDP（disciplinary and dismissal procedure），解雇需要经过三个步骤，即通知劳工会谈，及时地在合理的时间和地点与劳工进行会谈并阐述各自理由，告知员工对解雇决定有起诉的权利。如果没有遵循 DDP，解雇自动被视为“自动不公平解雇”，并且雇主的赔偿额度增加 50%。[③] 不公平解雇体系的存在实际上是为了补充普通法体系对于劳动者工作安全权保护的不周。“制定法的颁布，是对普通法在对解雇的适当保护和有效救济缺乏效率的一种反应。”[④] “非法解雇与不公平解雇的最大区别在于前者主要审查解雇的程序，而对实质原因并不

---

① 1996 年的英国《劳雇权利法》第 98 条所列明的正当解雇理由包括：资质或者能力欠缺；不当行为；裁员；继续雇佣违法等。参见：Alison Bone & Marnah Suff. Essential Employment Law (second edition). Wuhan University Press，2004，p128～136

② Alison Bone & Marnah Suff. Essential Employment Law (second edition). Wuhan University Press，2004，p141～146

③ David Christie. Welcome to The Jungle: Statutory Dispute Resolution in The Workplace. Scots Law Times，vol. 32，2004，p199～203

④ Kenneth Miller. The American Employment-at-will Doctrine and Its Impact Upon Employee Rights. Edinburgh Law Review，vol. 5，2001，p170

探究；而后者关注的恰是解雇的实质原因。"[①] 这种侧重点不同的两个体系设计相得益彰，形成了英国特殊的解雇权限制制度。就被解雇劳工而言，其可以就非法解雇与不公平解雇一并提起诉讼，只是两个原因诉讼获得的补偿不可兼得。在同样是普通法系的美国，虽然秉承契约自由思想，恪守判例法的传统做法，对劳动者主要通过法院的判例提供"例外适用"这样低层次的解雇保护，但实际上近些年各个州的成文法中对雇主的解雇权已经开始施加多重限制。22 个州的成文法规定了对提出赔偿申请的员工进行报复性解雇为非法，34 个州对于举报者的解雇予以立法保护，42 个州规定了与职业相关联的测谎仪测试管理。[②] 蒙大拿州甚至制定了专门的不正当解雇法。探究其原因，大致在于"劳动关系所要求的是整体、通常之法律，以规范典型之劳动行为。判例法所处理的多系零碎、病态之特殊事态，不能建立完整规范体系"[③]。当然，成文法大行其道并非意味着判例法在解雇制度中作用的削弱，在成文法系的德国，由司法判例所形成的最后手段原则不仅左右了德国，而且影响了整个大陆法系的解雇保护制度。可见，普通法与成文法的兼容并蓄在改变一国法律体系结构的同时，对劳动法的解雇制度也形成了直接的影响。

其次，集体谈判所形成的团体协约（集体劳动合同）丰富了一国的解雇权体系。虽然在进入 21 世纪之后，欧洲各国的工会力量发展进入一个衰退期，更加重视对个别劳动关系的法律规制。[④] 但是，集

---

① 董保华，刘海燕．解雇保护制度研究．见：董保华．劳动合同研究．北京：中国劳动社会保障出版社，2005．235

② Katherine V. W. Stone. Revisiting The At-will Employment Doctrine：Imposed Terms，Implied Terms，And The Normative World of The Workplace. Industrial Law Journal，March，vol. 36，2007，p90

③ 王泽鉴．民法学说与判例研究（2）．北京：中国政法大学出版社，1998．339～340

④ Anna Pollert. The Unorgnised Worker：The Decline In Collectivism And New Hurdles to Individual Employment Rights. Industrial Law Journal，vol. 34，2005，p217～218

体谈判作为工会力量最重要的体现，在对劳动者提供工作安全方面依然起着重要作用。“集体协商的优点是，它可以通过一个合意的妥协，针对经济环境的变化作出调适，产出的结果是双方（相对）可接受的共同规范。”[①] 集体谈判权作为劳动三权中的核心权利，保障了工会等劳动者代表组织在劳工解雇、企业重组等过程中对关乎劳工根本利益问题的参与。集体协商所签订的集体合同是在“劳动基准法”的基础上对集体劳动关系的调整，其对劳动者提供的保护标准不得低于法定的劳动基准。由于具有强制性和不可贬低性的特征，集体合同能够有效地约束雇主的解雇行为，形成对劳动者的解雇保护。例如，在德国，根据《团体协约法》，由于《解雇保护法》提供了对于劳工的最低限度的解雇保护，所以集体合同只能对解雇进行有利于劳动者的调整。在德国的实践中，集体合同对于解雇的调整主要集中在两个方面：一个是通知期的调整，大部分集体合同都延长了成文法所规定的解雇通知期；另一个是解雇内容的调整，例如一些公共部门的集体合同中都增加了对于老年人解雇的保护，有 15 年工龄的老人不再被允许解雇。[②] 在缺乏解雇保护成文法的英美法系国家，集体合同作为中观层次对劳动关系的调整，更是成为对雇主的解雇权进行限制的主要方式。在英国，劳工法存在的主要价值实际上正在于协助建立集体谈判制度和弥补集体谈判制度的不足。诚如王泽鉴先生所言，“在规制劳动关系方面，英国基本上采取集体谈判制度及当事人自治原则，国家立法系居于次要、补充之地位”[③]。

再次，企业文化对于解雇权的实施也会产生隐性但可能是实质意义的影响。在日本，终身雇佣制一度被认为是日本企业雇佣关系的代名词。终身雇佣制下，员工一旦被单位招用，便不间断地接受企业培

---

① Richard Hyman. 比较工会运动. 许继峰，吴育仁译. 台北：台湾韦伯文化公司，2004. 11

② Achim Seifert & Elke Funken-Hötzel. Wrongful Dismissals In The Federal Republic of Germany. Comparative Labor Law and Policy Journal，vol. 25，2004，p504

③ 王泽鉴. 民法学说与判例研究（2）. 北京：中国政法大学出版社，1998. 343

训，若非本人严重违纪或者企业陷入经营困难，则劳动者不被解雇，雇佣关系长期存在。虽然日本的终身雇佣制被认为是支持日本经济高速发展的“三个神器”之一，但它并非建立在劳动法的强制基础之上。日本劳动法对于雇主提供了与美国“雇佣自由”类似的解雇权，“日本的终身雇佣制从法律上看，只要用人单位支付补偿金，劳动合同仍然可以解除，属于‘经营方保留解除权’的‘单方终身雇佣制’”[①]，因此，终身雇佣制的存在实际上是日本企业文化的一种反映。“日本的‘家’文化、‘和’文化、‘集团主义’意识、‘忠诚’观念，对终身雇佣制的形成产生了重要影响。”[②] 这种儒家思想浸淫下的终身雇佣制为日本劳动者提供了远高于法定标准的工作安定，它以一种不具有法律约束力的隐形契约的模式限制了雇主解雇权的行使。虽然 20 世纪 90 年代之后日本的雇佣关系体系改革压缩了终身雇佣制的涵盖范围，雇佣方式开始日益多元化，但终身雇佣依然是日本经营的主要雇佣方式。在美国，近些年来，反映企业劳动关系变化的“新心理契约理论”对美国的雇佣法律体系也形成了冲击。由组织心理学创造的“心理契约”（psychological contract）概念，意为雇佣双方对交换关系中彼此义务的主观理解。传统的心理契约一般主要指雇员对于工作安全和提升机会的期待，然而最近的研究表明，在美国，雇员旧有的心理契约正逐渐被就业能力、培训、人力资本开发、交流机会等内容的新心理契约所替代，其要求强化解雇保护的愿望在降低。[③] 新心理契约反映出在美国的企业文化中，雇员已经不再被要求长期附属和忠实于一个单一的雇主，而是渴望独立地去承担它们自身职业发展的责任。“在 20 世纪的大部分时间，尽管有自由雇佣的权利体制保

① 董保华．论我国无固定期限劳动合同．法商研究，2007（6）

② 宋德玲，郭迪佳．日本企业终身雇佣制的成因及演变研究综述．日本学论坛，2007（2）

③ Katherine V. W. Stone. The New Psychological Contract：Implications of The Changing Workplace for Labor and Employment Law. UCLA Law Review，vol. 48，2001，p549～553

障，大量的雇主还是暗中许诺给雇员长期的雇佣合同。但是新的雇佣实践表明，长期劳动合同正在消退，而自由选择模式正在兴起，似乎回归到了任意雇佣体制。”①

最后，劳动力市场的运行变化与解雇权的限制之间关系交错。因解雇而产生的失业人口几乎可以占据整个社会失业人口的“半壁江山”，因此解雇权的法律限制与失业率之间无形中构成了某种内在联系。研究发现，“随着政府工作保护法律的严厉程度上升，失业者的平均失业时间也有所延长”②。为了调适与劳动力市场的关系，通过法律对解雇规范进行调控以应对就业压力是一些国家经常采用的举措。德国为了改善其居高不下的失业率，在2003年通过修订法律逐步放宽了对固定期限劳动合同的解雇保护力度即是明证。③

解雇权限制体系的形成是一个国家政治法律结构、经济发展阶段、历史文化发展的一个缩影，多重体制化外因素的影响锻造了解雇保护法律个性十足的面孔。因此，仅仅通过法律文本的考察无法完成对解雇权限制体系的功能性比较。也正是由于此种原因，一国解雇权限制法律体系中的问题被深深地刻上了本土化的烙印。

---

① Katherine V. W. Stone. Revisiting The At-will Employment Doctrine: Imposed Terms, Implied Terms, and The Normative World of The Workplace. Industrial Law Journal, vol. 36, 2007, p95

② Oliver Blanchard and Pedro portugal. What Hides Behind an Unemployment Rate: Comparing Portuguese and US. Labor Markets. American Economic Review 91, 2001, March, p187～207

③ 德国2003年末修改了《解雇保护法》和《非全日制、定期劳动合同法》，对原本严格限制的定期劳动合同设定期限延长至最大4年，放宽定期劳动合同的签订次数。参见：中华人民共和国劳动和社会保障部法制司．中德劳动与社会保障法：比较法文集．北京：中信出版社，2003．88

第三章

我国解雇权限制的适度性探析

第一节 《劳动合同法》对我国解雇体系的改造

在 1986 年国务院推行的国有企业劳动合同制改革的基础之上，1994 年的《劳动法》创立了我国劳动关系的终结机制：劳动合同的解除与终止。[①] 劳动合同的解除是指“劳动合同订立后，尚未履行完毕之前，由于一定事由的出现，提前终止劳动合同的法律行为”[②]。劳动合同的解除被《劳动法》分解为协商一致解除、劳动者单方解除与用人单位单方解除三种类型。“严格而言，‘解雇’是指解除雇佣合同关系。”[③] 在我国《劳动法》的语境下，“解雇”仅指用人单位单方解除劳动合同的行为，解雇权亦等同于用人单位的单方劳动合同解除权。因此，本书中所言之解雇，与我国劳动法律中的用人单位单方解除同义。

---

① 需要说明的是，在大陆法系国家的立法中，在劳动合同消灭的问题上只存在“终止”制度，而并不存在所谓的解除。因为民法中的合同解除仅指非继续性合同的效力发生具有溯及力的消灭，而劳动合同由于具有继续性和人身性的特征，仅会发生使未来效力消灭的终止。

② 贾俊玲．劳动法学．北京：北京大学出版社，2003．106

③ 周长征．劳动法原理．北京：科学出版社，2004．143

一、劳动合同终止制度的变化

《劳动法》下的终止是与解除并列的概念，指“劳动合同双方当事人约定的期限已到期或者终止的条件已出现，立即终止合同的法律效力”[①]。由于我国《劳动法》创造性地使用了“终止”和“解除”两个概念来概况劳动关系的结束，将终止设定为“劳动合同期满或者当事人约定的劳动合同终止条件出现”而导致劳动合同关系结束的另外一种机制[②]，因此，劳动合同的终止与“解雇”之间产生了一种微妙的逻辑关系。《劳动法》语境下，劳动合同解除与终止的区别主要在于“劳动合同的终止是约定的，劳动合同的解除是法定的”；“劳动合同的终止是劳动合同关系的正常结束，劳动合同的解除是劳动合同关系的提前消灭”[③]。《劳动法》对于解除和终止制度的设立与当时我国《劳动法》所推行的固定期限合同为主的用工模式有密切的联系。在当时国有企业固定工制度改革的过程中，对新工人普遍采用了有合同期限的定期劳动合同，而对老工人普遍采用了无固定期限劳动合同。定期劳动合同在当时被视为是一种与市场相联系的劳动合同形式，而无固定期限劳动合同作为一种对国有企业原有固定工的照顾，具有浓厚的福利色彩。《劳动法》对于解除的严格设计与终止的宽松制度设计很好地契合了这种改革的要求。对新员工实行固定期限劳动合同，既可以适用解除也可以适用终止，对老员工实行无固定期限劳动合同，只能适用解除而不能适用终止。避害趋利的本性使用人单位会尽量避开严格的劳动合同解除而更多地适用劳动合同终止，宽松的终止与严格的解雇之间形成了一定的平衡。这种制度设计作为过渡时期的产物，既考虑了与劳动力市场的对接又考虑了对单位老职工的安

---

① 关怀．劳动法．北京：中国人民大学出版社，2001．133

② 一般来说，劳动合同期限届满以及约定的终止条件出现，与雇主单方行使解雇权终止劳动合同一样，都是导致劳动合同效力消灭的原因之一，它们之间并列存在，并不互相包容。就立法上来说，仅有英国在其不公平解雇的成文法中规定，解雇不仅包括雇主终止劳动契约，还包括定期契约期满雇主未续约。

③ 董保华．劳动关系调整的法律机制．上海：上海交通大学出版社，2000．177

置。“宽松的固定期限劳动合同终止制度使固定期限劳动合同体现的实质是解雇自由，类似于美国的制度，仅仅是名为终止而已。”① 因此，对于固定期限劳动合同来说，我国的终止制度实际上在充当着解雇的替代功能。

2007年的《劳动合同法》承袭了《劳动法》对于劳动合同解除与终止制度的分列，但是在终止问题上，《劳动合同法》以及之后颁布的《劳动合同法实施条例》（以下简称《实施条例》）进行了实质性的改造，明确删除了关于“约定终止条件”的条款，增加了用人单位以及劳动者资格丧失等四种可以终止劳动合同的情形，确立了劳动合同的法定终止。这种对终止制度的公法化改造很大程度上去除了《劳动法》体制下终止制度内的私法因子，使其仅能因期限届满以及双方当事人的资质丧失等法定事由而终止。“如此规定，更加强化劳动合同终止之客观时间事由观念，淡化或者排除劳动合同终止之当事人意思表示事由观念。”② 终止制度的改造，将终止的发生情形局限于法定的法律事件，与解除这种以意思表示为要素的法律行为区分开来。解除与终止之间的区别也因此而被演化为：“劳动合同的解除更多是基于劳动合同当事人的意志使劳动关系消灭，劳动合同终止则是基于非当事人意志的客观原因而使劳动关系发生消灭。”③

对于终止制度的改造，是与《劳动合同法》所主推的无固定期限劳动合同有密切联系的。无固定期限劳动合同致力于要解决的，就是《劳动法》时代以固定期限劳动合同为主要用工模式而形成的劳动合同短期化与劳动关系长期化之间的矛盾（详见第八章）。由于用人单位可以通过宽松的终止制度“曲线救国”地达到解雇目的，进而回避解除制度的适用，因此体现约定精神的终止自然要做出重新调整以适应无固定期限合同实现职业稳定的目的。在《劳动合同法》通过强制

---

① 彭小坤．劳动合同单方解除制度研究．北京：法律出版社，2009．134

② 郑尚元．劳动合同法的制度与理念．北京：中国政法大学出版社，2008．332

③ 林嘉．劳动合同法条文评注与适用．北京：中国人民大学出版社，2007．250

订立方式使无固定期限劳动合同变成主流用工模式之后，终止制度中的到期终止实际上也被压缩了适用空间。由于无固定期限劳动合同没有终止期限，只能应用于固定期限劳动合同的到期终止因固定期限劳动合同数量的减少，其功能也会被进一步削弱。如果说原有《劳动法》体制下的解除和终止还分别承担着一紧一松的政策功能，部分实现着国家强制和意思自治之间的融合共存的话，在这种改造完成之后，《劳动合同法》使劳动合同的两个终结机制整体上都偏向收紧，均以强制性规范对用人单位结束劳动合同关系进行了从严安排。因此，有的学者认为，《劳动合同法》对终止制度的法定化改造实际上使终止与解除两个概念在一定程度上开始走向趋同。①

二、劳动合同解除制度的改造

如果说《劳动合同法》对终止制度的改造只是通过与解雇之间的逻辑联系来对解雇体系进行一种外力挤压的话，《劳动合同法》对用人单位单方面解除劳动合同的内部改造则是从多个角度来入手的。

对于过错性解雇，在解雇事由中继续保留《劳动法》试用期不符合录用条件解除、严重违规解除、严重失职解除、追究刑事责任解除四个解除事由的基础上，《劳动合同法》增加了两个解雇事由，即劳动者建立双重劳动关系的利益冲突解雇和因劳动者欺诈、胁迫、乘人之危致使劳动合同无效的解雇。其中，对于劳动者的严重违规解除，《劳动合同法》删去了《劳动法》严重违反劳动纪律的表述，只保留了“严重违反用人单位的规章制度”。由于在《劳动合同法》背景下，涉及劳动纪律内容的规章制度必须通过民主程序才能产生法律效力，如果用人单位的规章制度缺乏对于严重违纪的规定，即使对于严重违纪的劳动者，用人单位也将无法援引过错性解雇来解除劳动合同。

对于无过错解雇，《劳动合同法》肯定了之前一些地方立法中普遍采用的代通金，允许30天的预告通知期与一个月工资之间进行互替。无过错解雇制度的变化主要来自解雇的禁止性条件增加。在《劳

① 董保华．十大热点事件透视劳动合同法．北京：法律出版社，2007．322

动法》女职工“三期”解雇禁止、工伤解雇禁止、医疗期解雇禁止的基础上，《劳动合同法》增加了离岗前未检查职业病的解雇禁止和连续工作 15 年且距退休年龄不足 5 年的解雇禁止，从严对解雇事由进行了反向限制。对于试用期员工，除了过错性解雇和不能胜任以及医疗期届满解雇之外，用人单位不得解除劳动合同。

对于经济性裁员，《劳动合同法》明晰了裁员的实施范围，只能在用人单位裁员 20 人以上或者占职工总数 10％以上时施行。在裁员理由上，将“情势变更”的情形具体化为四种类型，较之《劳动法》新增加了“企业转产、重大技术革新或者经营方式调整，经变更劳动合同后，仍需裁减人员”以及“其他因劳动合同订立时依据的客观经济情况发生重大变化，致使劳动合同无法履行”两种情形。在对经济性裁员制度的改造过程中，《劳动合同法》增加了优先留用的规定，要求优先留用订立较长期限的固定期限劳动合同、订立无固定期限劳动合同、家庭无其他就业人员，有需要扶养的老人或者未成年人的员工。

在解雇的程序方面，《劳动合同法》要求任何形式的解雇都要事先将理由通知工会，并听取和研究工会的意见，并将处理结果书面通知工会。

在解雇补偿方面，《劳动合同法》放宽了支付经济补偿金的适用范围，增加了“用人单位主动提出并协商一致解除”“劳动合同期满，除用人单位维持或者提高约定条件续订劳动合同，劳动者不同意续订之外，用人单位终止劳动合同”以及“因用人单位自身原因发生资格丧失”三种需要支付经济补偿金的情形。《劳动合同法》第一次将用人单位终止劳动合同时不进行续订的行为纳入支付经济补偿金的范围，突破了《劳动法》时代经济补偿金仅适用于劳动合同解除制度的规定。对于经济补偿金的支付标准，《劳动合同法》在承继《劳动法》每满一个工作年限支付 1 个月工资标准的前提下，明确了“本地区上年度职工月平均工资 3 倍”与“最高 12 年支付年限”的两条封顶线。

在违法解雇责任方面，《劳动合同法》做出了两方面的调整。首先，劳动者可以选择要求用人单位承担继续履行劳动合同或者支付赔偿金来进行法律救济，对于违反解雇赔偿金的支付标准，为经济补偿金支付额度的两倍。其次，《劳动合同法》将用人单位解除劳动合同的行为归入劳动监察的监督检查范围。

整体而言，以《劳动法》为基础，《劳动合同法》从解雇事由、解雇程序、解雇补偿以及违法解雇责任多个角度对我国的解雇权限制体系进行了全方位的改造。

第二节 我国解雇权限制水平的高低之争

一、《劳动合同法》颁布前学界对解雇权限制的评价

对于《劳动法》体制下的解雇权限制水平，中国劳动法学界的认识并未统一。早在2006年，对于包括解雇保护在内的我国的劳动基准与国际上其他国家比较到底处于一个什么样的状态，学者们分歧明显。[①] 在当时，这种认识的分歧关乎即将制定的《劳动合同法》应当采取一个什么样的思路改造解雇体系。围绕劳动合同立法，学者们对于解雇权限制的观点分歧主要集中在劳动合同解除的难易以及如何完善我国的解雇体系上。

姜颖教授在分析了我国的解除制度中无因解雇缺失、解除程序严格、经济补偿金标准高三个方面的因素后认为，“与其他国家相比，我国劳动合同解除制度对用人单位是非常严格的”；“我国劳动合同立法应当在借鉴国外经验的基础上，对劳动合同的解除制度进行整体的结构调整”，并建议应根据劳动合同期限的不同，设计不同的解除制度。“对固定期限合同进行必要的限制”；“对无固定期限合同适当放松解除的条件，允许用人单位在有正当事由的情况下，按照解除的程序和经济补偿的标准解除劳动合同”。[②]

① 中国劳动标准“高”了还是“低”了. 北京青年报，2006-04-04

② 姜颖. 劳动合同法论. 北京：法律出版社，2006. 245～247

董保华教授认为，将我国劳动法律与国外法律规定比较，“我国对解雇的限制一开始就处在很高的水平，没有充分考虑市场机制”；“必须通过收紧劳动合同终止和放松雇主解雇权限制，明确无因解雇、有因解雇和推定解雇规定，建立非法解雇和不公平解雇制度来重构我国的解雇保护制度”。[①]《劳动合同法（草案）》对企业实行“宽进严出”；“采取了双向收紧的做法，即对定期合同的签订、解除进行严格限制并扩大无固定期限劳动合同的适用范围，从而使劳动关系走向凝固化”，将导致“一种难以解除劳动合同的解雇制度”。[②]

冯彦君教授认为，《劳动法》只授予劳动者一般解除权，却没有赋予用人单位同等的一般解除权，在劳动合同单方解除权利上造成了劳动者与用人单位之间权益的不平衡。[③] 在经济补偿金的改造方面，“《劳动合同法（草案）》将经济补偿金扩展适用于劳动合同终止情形，虽然突出保护了劳动者和可能实现预期的克服劳动合同短期化的现象，但有违合同期限和效力原理，造成经济补偿金的变异，而且无疑加重了用人单位的用工成本和限制了用工自由，在利益的天平上出现了过度的倾斜”[④]；“应严格将经济补偿金限制在劳动合同解除情形，否定劳动合同终止情形的适用”[⑤]。

王全兴教授则认为《劳动合同法（草案）》并非完全性地在强化解雇保护，“《劳动合同法（草案）》较之《劳动法》，的确有的条文加大了限制用人单位解雇权的力度，体现了‘严出’的精神，但在有的条文中给予了用人单位更大的解雇劳动者的自由”；“与《劳动法》第

---

① 董保华，刘海燕．解雇保护研究．见：董保华．劳动合同研究．北京：中国劳动社会保障出版社，2005．231～253

② 董保华．锦上添花抑或雪中送炭——析《中华人民共和国劳动合同法（草案）》的基本定位．法商研究，2006（3）

③ 冯彦君．解释与适用——对我国劳动法第31条规定之检讨．吉林大学社会科学学报，1999（2）

④ 冯彦君．劳动合同立法应准确处理的三大关系．当代法学，2006（6）

⑤ 冯彦君．劳动合同解除中的“三金”适用——兼论《劳动合同法》的立法态度．当代法学，2006（9）

27 条关于裁员的规定比较，表面上看加大了对裁员的限制，但实质上给予了用人单位几乎是任意裁员的自由”①；“总体比较而言，《劳动合同法（草案）》第 33 条给予了用人单位更多的裁员自由，这是典型的‘宽出’”；“劳动合同终止的经济补偿只是加重劳动合同终止时用人单位的经济负担，对劳动合同终止本身并不存在‘收紧’或‘放松’的问题”。②

另一些学者则认为应当继续强化我国的解雇保护制度，“虽然法律不能限定劳动合同的最短期限，但法律可以严格限制用人单位解除劳动合同的权利，也可以加重用人单位终止劳动合同的法律责任”③。

二、《劳动合同法》时代有关解雇权限制的认识分歧

《劳动合同法》的颁布，引发了学术界的激烈争论。经济学家张五常先生博客中的“十论劳动合同法”更是将诸多热点问题引爆。围绕着《劳动合同法》对我国解雇体系的改造，劳动法学界的学术观点也发生了激烈的碰撞。

一些学者认为，《劳动合同法》对于我国解雇体系的改造并没有强化解雇权的限制，也没有使用人单位解雇成本有显著增加。

对于解雇条件的变化，王全兴教授认为，“《劳动合同法》较之《劳动法》放宽了劳动合同解除的条件。将两部法律关于劳动合同解除的规定作逐条比较，就可以发现：劳动合同的解除更为容易，用人单位辞退、裁员的权利和劳动者辞职的权利均有所扩大”，也就是说，劳动者退出劳动关系的‘出口’明显加宽”④。“用人单位可辞退的情形由 3 类 10 种增加到 3 类 13 种，其中裁员由从严控制改为从宽控制”；“《劳动合同法》对用人单位解除劳动合同增加限制的唯一表现

---

① 王全兴．劳动合同立法争论中需要澄清的几个基本问题．法学，2006（6）

② 王全兴．试论劳动者“进出”劳动关系的宽严选择——《劳动合同法（草案）》有关条文剖析．中国劳动，2006（9）

③ 黎建飞．《劳动合同法（草案）》的立法背景与创新．中国社会科学院研究生院学报，2006（4）

④ 王全兴，黄昆．无固定期限劳动合同的是与非．法学家，2008（2）

是，在第 42 条增加了不得预告辞退和裁员的两种情形"；"此规定是完全正当的，且不过分，更不能仅依此规定得出是'严出'的结论"。[①] 郑尚元教授认为，"以往中国用人单位解除劳动合同不难，今后，用人单位解除劳动合同同样不难，更不可能造成中国成为'最难'解雇职工的国家"[②]。一些学者也认为，"单位任何合理的解雇行为，都可以从中找到合法的依据。如此畅通的法定'出口'，只要用人单位管理规范、制度健全、执行严格，'该出出不去'的问题不可能发生。从这个意义上讲，《劳动合同法》没有僵化用人单位的用人机制，只是对用人单位的管理水平提出了挑战。"[③]

对于《劳动合同法》解雇体系改造后对企业用工成本的影响，林嘉教授认为，"对绝大多数企业来说，特别是对规范的、守法的企业并没有带来过多成本的增加，而对一些原来就没有严格执行《劳动法》的企业则可能带来较大的成本支出。"[④] 黎建飞教授也认为，通过对《劳动合同法》相关条款的解读，似乎得不出加大了解雇成本的说法和结论。[⑤]

与此相反，另外一些学者则认为，《劳动合同法》强化了对于解雇权的限制，增加了企业的用工成本，易造成用人单位用工机制的僵化。

董保华教授认为，"《劳动合同法》将我国解雇保护的水平提高到一个全新的高度。在推进无固定期限劳动合同的一系列措施中，强制续签制度、禁止约定终止条件制度、收紧法定解除制度可以称为'三

---

① 王全兴. 劳动合同法实施后的劳动关系走向. 深圳大学学报（人文社会科学版），2008（3）

② 郑尚元. 劳动合同法的功能与制度价值分析. 深圳大学学报（人文社会科学版），2008（3）

③ 郭军，郑东亮，董平，王文珍，李天国. 再谈《劳动合同法》实施. 中国劳动，2008（3）

④ 林嘉. 劳动合同法的立法价值、制度创新及影响评价. 法学家，2008（2）

⑤ 黎建飞. 劳动合同解除的难与易. 法学家，2008（2）

管齐下’。”[①] 学者曹燕认为，“《劳动合同法》对解雇事由的限制比较国外‘正当事由’制度而言是相当严苛的。在此种情形下解雇当然不易，因此，无固定期限劳动合同解雇难无疑使用人单位负担‘长期雇佣’的责任成为唯一的选择”；“相较于《劳动法》而言，《劳动合同法》使劳动者辞职容易了很多，但用人单位解雇却更加困难，这就使劳资双方解除劳动合同的成本此消彼长，即在《劳动合同法》的规制之下，用人单位的用工成本大大提高，而劳动者则享有更多的自由权”。[②]

还有一些学者也认为，“《劳动合同法》通过对无固定期限劳动合同的倡导，限制了用人单位终止权的行使，并且加重了违法解除、终止的法律责任，增加了解除、终止的限制”；“有必要在实践中适当放宽对于用人单位解除情形认定的实体性要求”。[③] “单一的现有的劳动契约解除自由倾斜性限制规定极易造成诚信危机于劳动契约解除领域中进一步加剧，进而危及社会及经济秩序，使劳资利益矛盾尖锐化。”[④]

第三节　我国解雇权限制水平理论争鸣的分析与评价

一、倾斜保护的“度”

劳动关系是一种具有从属性的社会关系，“平等性掩盖不等性”“财产性兼容人身性”[⑤]。《劳动法》“从正面承认了如前所述的雇主与劳动者之间在经济、社会方面的不平等，并企图纠正从那些不平等产

---

① 董保华．论我国无固定期限劳动合同．法商研究，2007（6）

② 曹燕．劳动合同期限制度的域外经验与本土资源．兰州学刊，2008（5）

③ 周国良．劳动合同终止和解除（三）．中国劳动，2008（4）

④ 李敏华，刘忠杰．劳资博弈之理性——以劳动合同解除为例．社会科学家，2008（8）

⑤ 董保华等．社会法原论．北京：中国政法大学出版社，2001．60～63

生出的不正当的结果”[①]。正是这种劳动关系的从属性，决定了对于劳动关系的法律调整应当采用“倾斜保护”的基本原则。所谓倾斜保护，其含义在于对劳动关系双方当事人的法益配置上向劳动者倾斜，要求用人单位更多地负担法定义务以着重保护弱势一方劳动者的利益，矫正失衡的劳动关系。在个别劳动关系的调整中，对用人单位解雇权的行使施加法律约束，正是基于对劳动者生存权的保障以及基本工作权的尊重。

在《劳动合同法》起草过程中，发生过对于立法宗旨的“双保护”与“单保护”之争。持“单保护说”的学者认为，“劳动法区别于民法的根本标志是，劳动法基于劳动关系中劳动者是相对弱者的假设，在保护双方当事人合法权益的同时，偏重保护劳动者合法权益，故立法目的条款中作‘单保护’表述。”[②]“作为劳动法法律体系的《劳动合同法》义无反顾地亦应以保护劳动者合法权益作为立法宗旨。”[③]持“双保护说”的学者认为，“尽管基于中国强资本弱劳工格局的现实，劳动合同立法需要更多地关注对劳动者正当权益的维护，但劳动合同的合同性质是不容改变的，作为一种特殊的民事合同与特殊的民事关系，其立法宗旨仍然应当是‘平等’，即既要保护劳动者的合法权益，也要维护用人单位或者雇主的合法权益。”[④]“单保护说”和“双保护说”的争论核心实际上在于《劳动合同法》是否要保留或者要在多大程度上保留私法的因子。这种关于立法宗旨的争论可以统合于“倾斜保护”的立法宗旨之下。一方面，《劳动合同法》要强调对弱势劳动者的保护，以纠正失衡的劳动关系，另一方面，“倾斜保护”并非是要以牺牲用人单位的正当利益为代价来对劳动者进行保护，《劳动合同法》在利益分配上只能定位于“倾斜”，要给劳动关

① ［日］星野英一．私法中的人．王闯译．北京：中国法制出版社，2004．68

② 王全兴．劳动合同立法争论中需要澄清的几个基本问题．法学，2006（6）

③ 关怀．《劳动合同法》与劳动者合法权益的保护．法学杂志，2006（5）

④ 郑功成．构建和发展规范、和谐、稳定劳动关系．中国人大，2007（13）

系的双方当事人留下协商一致的空间。

从某种意义上来说，有关解雇权限制水平的理论争鸣是劳动合同立法宗旨争论的一种自然延展，其实质问题也是要在多大程度上给予解雇施加法律的强制。在劳动合同解除方面，《劳动合同法》是典型的权利倾斜配置。立法赋予了劳动者几乎没有限制的解约自由，而用人单位的解雇却要受到来自解雇事由、解雇程序、解雇补偿和违法解雇责任的多重约束。这种在权利配置上的“倾斜”集中体现了对弱势一方劳动者的保护。然而，这种倾斜配置的“度”如何把握成为解雇制度改革中无法回避的一个难题。

在《劳动合同法》完成劳动合同期限制度的改造目标之后，按照一般的逻辑，应当在严格终止制度的基础上适度放松解雇，以配合无固定期限劳动合同作为主流用工模式的确立，形成劳动关系稳定性与流动性的平衡。然而《劳动合同法》却沿着相反的方向进行了调整，对终止和解雇两套制度进行了双向“收紧”。无固定期限劳动合同的强制续签与终止和解除制度的双向“收紧”这一前一后、一进一出两个对应的改革使用人单位的用工机制呈现出“宽进严出”的特征。然而，由于劳动力需求总是相对稳定的，在用工“出口”被严格限制的情形下，理性的用人单位必然会选择收紧“进口”，采取延缓雇佣或者谨慎雇佣的态度，这直接危及的就是替代性最强的劳动者，也就是处于社会最底层劳动者的利益。这种劳动关系凝固化的改造对于我国每年愈发严峻的就业形势根本无法起到任何舒缓作用，首当其冲受到影响的就是没有就业经验的大学毕业生和职业流动性强的农民工。《劳动合同法》想要达到的职业稳定的预期目标，很有可能是以丧失劳动力的合理、有序流动为代价的。而在这个过程中，最需要保护的劳动者的利益也可能已经渐行渐远。已有的经济调查资料显示，《劳动合同法》导致企业解雇成本的增加已经开始抑制企业的雇用和解雇的意愿，“《劳动合同法》可能会造成企业短期人员调整的加剧以及长期雇用曲线的平缓”“企业长期雇用曲线的平缓，意味着企业创造意愿和创造水平的降低，直接的结果是劳动力市场新增就业岗位减少，劳动者获取工作的概率降低”；“给劳动力市场带来的直接影响是低初次就业率以及失业者的低再就业率”。[①] 对于用人单位而言，为了规避适用严格的法定解雇条件，也将会更多地选择非全日制用工、劳务派遣等非标准化的灵活用工形式。劳务派遣市场目前出现的非正常繁荣无疑已经佐证了这一点。[②]

从劳动关系的运行来看，解雇权的限制模式背后存在着劳动关系稳定性和流动性之间的一种角力，即到底“以稳定性为基础实现流动性还是以流动性为基础实现稳定性”[③]。无疑，《劳动合同法》最终选择了前者，通过对用人单位“出口”的双向收紧希望建立起一个极其稳定的用工模式。然而，这种对于解雇保护过分强化的制度设计有矫枉过正之嫌，劳动关系的凝固化伤及的恰恰可能是最应该得到保护的劳动者的利益。劳动关系所形成的人格以及经济上的从属性实际上是社会发展的一种客观性反映，也是用人单位经营管理活动的一种必然要求，有其存在的合理性。“从社会的普遍观念来看，如果工人可以持续拥有工作，而不考虑其所工作的企业的经济或技术状况，竞争经济中的公共福利将会受到损害。”[④] 当我们基于劳动者生存利益的考量对这种不平衡关系进行矫正的时候，应当注意在约束用人单位滥用权利的同时保留用人单位人力资源管理的合理张力。“劳动合同立法不能单纯强调公平或者单纯强调效率，这不是一个非此即彼的选择，单纯强调某一方面的结果都是矫枉过正，最后走向企业和劳动者‘双输’的局面。”[⑤]

“权利的过度倾斜性配置往往有害，甚至还可能出现损害被保护

① 刘彩凤.《劳动合同法》对我国企业解雇成本与雇佣行为的影响——来自企业态度的问卷调查. 经济管理，2008（21～22）

② 曹海东. 劳务派遣的非正常繁荣. 南方周末，2007-12-12

③ 李坤刚. 论劳动关系的稳定性和流动性. 法商研究，2000（6）

④ Bob Hepple. European Rules for Dismissal Law. Comparative Labor Law & Policy Journal，1997，vol. 8，p204

⑤ 程延园. 劳动合同立法：寻求管制与促进的平衡. 中国人民大学学报，2006（5）

群体利益的情形"[①]，从倾斜保护这个劳动法的基本原则来看，我国解雇体系的改造过分强调劳动关系的稳定性而忽视流动性。从一定程度上来讲，这种改造已经开始偏离社会正义的"度"，这种偏离所产生的成本可能需要整个社会来负担。

二、在国家强制和意思自治之间

在劳动关系的运行层面，国家从来都不是一个旁观者。在宏观上，它一方面通过劳动行政和劳动监察矫正劳动关系运行过程中出现的违法行为，另一方面通过国际劳工组织所确立的"三方协商机制"来协调解决劳动争议。但是，对于个别劳动关系的干预，国家更多地是通过立法来修正私法中的绝对财产权和契约自由。

然而，作为对个别劳动关系的一种调整，劳动合同本源上仍然是一个私法关系。在劳动基准法、集体合同和劳动合同这样一个三层次的劳动法律调整机制中，调整个别劳动关系的劳动合同虽然要受到劳动基准、集体合同内容的约束，但其本身仍最大限度地体现了劳资自治和契约自由。在大陆法系国家的法律结构中，劳动契约普遍被视为民事契约的一种特殊类型，作为雇佣契约的下位概念而在民法中存在的。"劳动契约是私法契约，劳动关系是私法关系，劳动契约虽受一定程度的社会监督，劳动条件虽受'政府'基准一定的约制，但劳动契约之私法契约性质仍极明显。"[②] 我国虽然将劳动合同视为具有社会法属性的一种契约类型，通过强制性法律规范限制其订立与消灭，但是其内部主要以任意性规范为主的私法特征是无法回避的。诚然，私法日益的社会化已经使私法自治越来越多地受到法定限制。"当事人的意思自治只是在国家设定的高低不同的栅栏中流动，私法自治的领域，事实上自始充满了各种国家强制。"[③] 但是，"劳动合同再特

---

① 应飞虎. 权利倾斜性配置的度——关于《劳动合同法》的思考. 深圳大学学报(人文社会科学版)，2008 (3)

② 黄越钦. 劳动法新论. 北京：中国政法大学出版社，2003. 85

③ 苏永钦. 私法自治中的国家强制. 北京：中国法制出版社，2005. 24

殊，劳动合同立法再体现制度个性，劳动合同也仍然是合同，《劳动合同法》也不可否定和排斥合同制度的基本共性，即制度普遍性"[①]。无论我们如何强调劳动合同中的公法因素，劳动合同的订立、变更、履行、解除和终止的过程中都蕴涵着从雇佣关系发展而来的私法本性和无法动摇的私法自治精神。"《劳动合同法》规范仍应在当事人得以自治的层面保持私法规范的属性，并针对劳动合同关系的特殊性使之更加具体、精确和便于操作。"[②]

对于解雇权问题的讨论，始终是在劳动合同法的范畴内展开的。在我国的《劳动合同法》中，强制性法律规范集中于解雇权限制，这也使解雇权限制成为我国劳动合同法制的核心内容。在解雇权行使的法定事由中，我国采用了授权性规则与禁止性规则相叠加的模式。授权性规则设定了解雇权行使的范围，而禁止性规则设定了解雇权行使的禁区。需要说明的是，在这里，"授权性规则仍然是对人们行为的一种限制。只是，这种限制是以另一种方式表现，以给予人们有限自由的方式来表现罢了"[③]。由于这种叠加式的限制是对用人单位解雇意志的一种抑制，因此这种限制的适度性应当充分考虑用人单位和社会的容许限度。当超过了这个容许限度对解雇施加限制的时候，这种限制的正当性自然就会成为疑问。然而，在《劳动合同法》中可以看到：本单位连续工作满 15 年，且距退休年龄不足 5 年的老员工除非有严重过错不得解雇；试用期员工不得因客观情形的变化被解除劳动合同或者裁员；因工负伤而全部或者大部分丧失劳动能力的员工不得被非过错性解除和终止劳动合同等。这些解雇限制中的很多内容实际上是国家通过强制性法律规范将部分社会责任企业化，它直接限制了用人单位自主用工的意志。我国现在社会福利水平不高，失业保险、工伤保险、养老保险等社会保障制度的建立与完善需要以国家力量为

---

① 冯彦君．我国劳动合同立法应正确处理三大关系．当代法学，2006（11）

② 孙学致．劳动合同法中的私法属性．当代法学，2006（6）

③ 张恒山．法理要论．北京：北京大学出版社，2002．55

主导以促进社会力量的整体参与。要求企业去承担其力所能及和理所应当的社会责任固然无可厚非，但是如果通过法律强制的方式过度地让企业来消化市场化所带来的转制成本必将伤及企业的核心竞争力。“自主决定是调节经济过程的一种高效手段。特别是在一种竞争性经济制度中，自主决定能够将劳动和资本配置到能产生最大效益的地方去。”① 当《劳动合同法》这种法定的高福利化设定通过国家强制的力量来进行推进的时候，与此同时它也摧毁了劳动合同意思自治的精神内核。

契约自由的精神贯穿于契约的订立、变更、履行以及结束。“所谓契约结束自由，通常指契约当事人以合意解除或合意终止的方式，解消其契约关系。”② 就劳动合同的结束而言，约定终止集中体现了契约自由。由于与解雇制度之间的逻辑联系，终止制度可以替代性地分担解雇的功能。不可否认，约定终止在现实中存在被用人单位滥用的嫌疑，但是，将其从终止制度中删除等于是把终止制度变相地改造为法定终止，几乎完全清除了劳动合同终止中的私法因素。如此一来，《劳动法》时代用人单位通过劳动合同约定来对员工实施的“末位淘汰”等做法均被视为非法，用人单位人力资源管理的空间受到极大压缩。

《劳动合同法》负担着一个重要的公共政策使命，即通过对劳动者的倾斜保护来实现和谐劳动关系的建构。在这个政策目标的实现过程中，国家的功能也在面临着一个巨大的角色转化。一方面，国家要积极地介入微观劳动关系中，通过对劳动合同的规制引导矫正失衡的劳资关系；另一方面，国家应尊重和保障劳动市场机制的自发运作，协助去除阻碍劳资自治的制度性障碍。

契约自由依然是劳动契约的一个重要原则。当使用强制性法律规范去抑制用人单位解雇权滥用的同时，应尽量不要去伤及劳动合同内

① ［德］梅迪库斯．德国民法总论．邵建东译．北京：法律出版社，2005．143

② 陈自强．民法讲义Ⅱ：契约之内容与消灭．北京：法律出版社，2004．258

在关系中的意思自治内核。当公权力登堂入室，越俎代庖地取代了劳资双方的一切自决，《劳动合同法》也面临着完全被异化为公法的危险。“公法规范对合同关系的渗透程度必须以维护合同双方真实意思表示的法律效力为前提，只有当这种合意行为有可能损害到双方利益关系的均衡格局或危及国家利益、社会公共利益时，法律才通过预设劳动基准和强行规范进行必要的干预。”① 当然，对于《劳动合同法》中的私法自治，也应当重新审视它有别于传统契约的功用。如黄越钦教授所言，劳动契约“亦非以‘他治’代替‘自治’，而是将个人之‘意思自治’予以客观化，终极目的仍在于维持个人的基本自由，尤其是经济上为弱者的自由”②。而对解雇权限制的“度”的把握也正应当是一条在国家强制与意思自治之间的社会利益最大化的路径。

第四节　有关芭芭拉案的不同法域裁判猜想

一、芭芭拉案的判决分析

当事人芭芭拉·艾米丽在德国凯泽斯连锁超市做普通的收银员已经31年。在2008年1月，50岁的她被超市解雇，理由是涉嫌偷窃超市两笔一共1.3欧元的退瓶费。对于芭芭拉涉嫌盗窃的行为，超市实施了“即时解雇”，即不经过预告期而直接进行解雇。芭芭拉对于超市的决定不服，将超市告上了地方劳动法院，要求改变解雇决定。超市的律师在法庭上表示，芭芭拉被同事揭发偷窃后，超市曾给她坦白的机会，但她却将罪行推给他人，还指控超市因为其参加工会活动而对她进行陷害。超市虽然没有直接证据证明芭芭拉盗窃，但是对芭芭拉的可信度已经失去信心。经过柏林地方劳动法院和勃兰登堡州的二级劳动法院的审理，最后判决超市胜诉。这场因为1.3欧元而产生

①　许建宇．关于劳动法若干基本理论问题的探索．法商研究，2000（3）

②　黄越钦．论附合契约．政大法律评论，1977（16）．见：郭明政．身份—契约—制度—功能——台湾社会安全法制发展之检讨．政大劳动学报，2002（12）

的解雇纠纷，由于国际金融海啸的大背景以及德国国内临近大选的缘故，立即成为了德国的焦点事件，甚至德国总理默克尔也被牵扯其中。[①]

超市对芭芭拉实施的“即时解雇”，在德国的《解雇保护法》中被归入“与劳动者行为相关联的解约”中的“怀疑解约”。虽然超市证明芭芭拉有盗窃行为的证据不足，但是依据怀疑解约的条款依然可以实施解雇。依据德国的劳动法律，解雇必须要符合“社会正当性理由”，这是对解雇的一项实体性要件的要求，也是德国劳动法最具特点的一个解雇保护措施。但是，德国通说认为，社会正当性理由并不要求雇员的违约行为一定要具备“过错”。“没有过错的行为也有可能成为解约的正当理由。因此，如果通过客观事实证明，严重违反义务的紧急怀疑会引起继续劳动关系所必要的信任的丧失，那么与劳动者行为相关联的解约可以考虑怀疑解约。”[②] 甚至，“如果怀疑时情况严重到继续雇佣雇员到期限届满解约都不可能，那么怀疑解约可以作为非正常解约宣布”[③]。可见，在德国，怀疑解约不仅可以适用于正常解雇（仅针对无固定期限劳动合同），特殊情况下也可以适用于非正常解雇。本案中，法院正是依据“怀疑解约”条款来认定芭芭拉的行为已经导致劳动关系中的信任丧失，超市的解雇具有法律效力。

在德国，由于合法的解雇都是无须支付经济补偿的，因此，超过50岁已经拥有31年工龄的芭芭拉并不能从超市拿到一分钱的经济补偿金。但如果芭芭拉最终上诉成功，超市的解雇行为被认定为无效的话，若法院判决劳动关系解除，则比照芭芭拉的年龄和工作年限与德

---

① 杨舒怡. 31年工龄抵不过1.3欧元失窃嫌疑，德女工遭解雇引发全国质疑. 京华时报，2009-02-28

② ［德］W. 杜茨. 劳动法. 张国文译. 北京：法律出版社，2003. 129～130

③ ［德］W. 杜茨. 劳动法. 张国文译. 北京：法律出版社，2003. 130

国的劳动立法，她可以从超市那里获得 15 个月工资的一次性补偿金。[①] 芭芭拉任职期间的月收入为 1 700 欧元，因此她可以获得约 25 000 欧元的一次性补偿金。

二、美、英、法对于芭芭拉案的判决猜想

芭芭拉案虽然带有很强的个别性，但将其置于不同国家的劳动立法与司法体系中，我们依然可以看到不同国家解雇权限制的差异性。

如果芭芭拉案发生在美国，那么芭芭拉几乎没有任何胜诉的可能。受“任意雇佣”原则理念影响的美国，除了歧视性解雇、违反公共政策解雇等特殊情形，雇主几乎可以任意地解雇员工。芭芭拉案也不存在对美国成文中的歧视性解雇的违反。对于芭芭拉这种情形的解雇，雇主甚至无须说明理由。

如果芭芭拉案发生在英国，芭芭拉可以就选择依据习惯法的非法解雇或者成文法的不公平解雇而提起诉讼，但结果依然可能是败诉。雇主对芭芭拉的解雇在英国称为不经预告的解雇（summary dismissal)。在习惯法下，解雇一般不需要雇主有正当理由，只需雇主给予预告期即可。但是对于不经预告的解雇则需要雇主提供正当理由。不经预告的解雇理由一般为雇员的不当行为构成了严重违约。这些不当行为包括盗窃、对雇主的暴力行为、不服从雇主安排、酗酒等。[②] 对于因怀疑盗窃而引发的解约，在 Monie v Coral Racing Ltd（1981）案中，上诉法院法官认为，“当雇主对不诚实行为的合理性怀疑有可靠的和明显的理由时，雇主应当被授予对有怀疑的不诚实行为的解雇

① 依据德国的《解雇保护法》，如果法院确认某一解雇不能导致劳动关系的解除，但雇员又不愿意继续与雇主维系劳动关系，则法院可以判决解除劳动关系，由雇主一次性付给雇员补偿金。对于雇员年满 50 岁，且劳动关系至少已维持 15 年，补偿金可达 15 个月的报酬。参见：劳动和社会保障部劳动科学研究所．外国劳动和社会保障法选．北京：中国劳动出版社，1999．373～374

② Alison Bone，& Marnah Suff. Essential Employment Law（second edition). Wuhan University Press，2004，p115

权。"[①] 因此，依芭芭拉的案情，习惯法下的起诉很有可能以败诉收尾。在不公平解雇的成文法中，英国也并没有对构成不公平解雇的事由进行说明，需要通过判例来具体化。对于不公平解雇，雇主要负担举证解雇理由的责任，但类似芭芭拉案的这种不诚实解雇，"雇主并不需要负担如同刑事上举证责任般重的责任，雇主仅要合理地确信劳动者有不诚实行为即可"[②]。成文法下不公平解雇的重点之一，在于要求雇主实施解雇时要履行必要的调查程序，并使雇员有机会陈述自己的意见并进行辩解。从芭芭拉案的报道来看，雇主在做出解雇决定之前，也已经履行了此程序。因此，在英国的不公平解雇法律体系下，芭芭拉可能依然无法逃脱败诉的命运。

如果芭芭拉案发生在法国，芭芭拉还是有极大的可能获得诉讼的胜利。在法国，对于个人的解雇必须满足"实际的严肃的理由"。"实际的严肃的理由"要求雇主所提出的解雇理由必须是"客观的、具体的、现实的理由"，而且这种理由中雇员所犯的过错必须"达到一定严重程度，以至于劳动关系存续下去可能给企业带来持久损害的理由"，还必须"与职业相关"。[③] 芭芭拉案中的解雇事由是有嫌疑的盗窃行为，显然无法满足"实际的严肃的理由"这个构成要件。一旦雇主对芭芭拉的解雇被认定为不满足"实际的严肃的理由"，法院得提议让解雇员工重回企业。在任何一方拒绝此提议的情况下，由雇主向被解雇员工支付不低于最近 6 个月工资的补偿金以及合法解雇下的最低数额的解雇补偿金。根据法国现行立法，芭芭拉大约可以获得 6 个月工资的违法解雇补偿以及 4.5 个月工资的解雇补偿金，一共 10.5

① Charles Barrow & John Duddington. Briefcase on Employment Law. Wuhan University Press，2004，p94

② 戴丞颖．中英两国雇主终止劳动契约法制之研究．中正大学硕士毕业论文，2000. 70

③ 郑爱青．法国劳动合同立法的启示．法学杂志，2002（5）

个月约 17 000 欧元。①

三、有关芭芭拉案判决猜想的思考

如果芭芭拉案发生于中国，芭芭拉最终胜诉的概率很高。在中国，对于芭芭拉的解雇基本可以归入过错性解雇的范畴。但是，由于芭芭拉案的真正解雇事由是“怀疑解约”，这在我国《劳动合同法》中并没有涉及。对于员工的不诚实行为，用人单位能够援引的解雇理由在《劳动合同法》中仅有违规解雇，即严重违反用人单位规章制度的解雇。如果要采取违规解雇，用人单位必须满足至少三个解雇条件。第一，用人单位内部存在着相对完备的规章制度；第二，这类规章制度已经通过民主程序征求了工会或者职工代表的意见，并且已经公示或者告诉了劳动者；第三，规章制度中对员工的不诚实行为可以予以解雇有明确规定。即使用人单位满足了以上三点内容的要求，对芭芭拉适用违规解雇依然可能会败诉。因为我国违规解雇必须达到“严重”的程度才能适用。由于用人单位对于芭芭拉的盗窃行为根本无法直接通过证据证明，仅凭合理性怀疑的解雇根本无法满足“严重违规”的基本要求，败诉几乎是必然的。

在对芭芭拉的解雇被认定为非法之后，依据《劳动合同法》，用人单位要恢复与芭芭拉的劳动关系。在芭芭拉不要求继续履行劳动合同或者劳动合同已经不能继续履行的情况下，用人单位要向其支付经济补偿金标准双倍的赔偿金。由于芭芭拉作为底层收入的劳动者，其月工资不可能超过《劳动合同法》设定的本地区月平均职工工资标准的 3 倍，因此，计算经济补偿金时不受计算基数标准的封顶线和最高补偿年限不超过 12 年封顶线的限制。依据一年工作年限支付 1 个月工资的经济补偿标准，芭芭拉在我国可以拿到双倍经济补偿金也就是

---

① 依据法国劳动法，合法解雇两年雇佣期以上的员工需支付经济补偿，每一个工作年限支付 1/10 的月工资，工作年限超过 10 年，每增加一个工作年限多付 1/15 月工资（参见：Callum Campbell. Labor & Employment 2006. Law Business Research Ltd，2006，p54）。因此，依此计算，已经在超市工作 31 年的芭芭拉大概可以获得 4.5 个月工资的解雇补偿金。

62（31×2）个月的工资约 43 000 多欧元的赔偿金。

以此比较来看，芭芭拉只有在中、法两国可以取得诉讼的胜利，而且在中国拿到的赔偿金大约是法国的 2.5 倍。当然，芭芭拉案的特殊性决定了它无法被复制。仅仅通过该案来说明各国解雇权限制水平的高低也未免过于武断。但是通过该案还是可以看到，我国在解雇事由、解雇待遇等多个方面所表现出的严格限制性却无法被否认。

长期以来，在以解雇保护的严格性而著称的德国，有关劳动法去管制化、劳动市场政策以及失业问题的讨论都聚焦于它的解雇保护制度。解雇保护制度的批评者认为，解雇保护法不仅阻止了劳动力市场新的雇佣，而且导致了德国持续增长的结构性失业。而解雇保护的支持者认为，劳动者经济不确定性的减少将提升工作的满意度和对工作的依赖感，并因此减少人力资本的投资，为雇员提供对雇主的信任、忠诚以及合作，最终对工人的再培训以及减少对新技术引进的排斥提供一种帮助。①

基于对劳动者基本人权的保障，必须对雇主的解雇权滥用施加限制；而基于劳动者与雇主之间的利益均衡，必须把限制规制于一个适度的范围。在现实中，解雇保护对于雇主和整个社会的成本很难被准确评估，对于限制解雇权给这个社会所带来的成本或者影响远非对一部法律或者一些规则进行孤立地简单地分析就可以得出。太多的因素影响我们对于解雇权适度性的认识。然而，对于我国这么一个劳动力市场处于二元化结构、经济增长方式尚未完成由粗放型向集约型转变的国家，当通过提高隐性劳动基准这种方式来限制用工自主性、增加对劳动者的解雇保护之时，也必然相应地提升了用人单位的解雇成本和劳动力的就业成本，这是过高设置解雇条件的副作用。制度化所形

① Dorothea Alewell & Eileen Schott & Franziska Wiegand. The Impact of Dismissal Protection on Employers' Cost of Terminating Employment Relations in Germany : An Overview of Empirical Research and Its White Spots. Comparative Labor Law and Policy Journal, vol. 30, 2009, p667

成的路径依赖可能最终将使我们以放松执法以及司法的尺度为代价来化解紧张的劳动关系。用人单位面对过于僵化的用工机制，必然选择从标准劳动关系“出逃”，进而将用工模式替换为劳务派遣等非标准的用工方式，而这对劳动者自身权益的保护无疑是釜底抽薪。面对来自劳动力市场的挑战，解雇权限制制度必须要跳出“流动性陷阱”来实现自我的救赎。经济学家弗里德曼的话余音在耳：“自由不可能是绝对的，我们的确生活在一个彼此相互依赖的社会中，之所以必须对我们的自由加以限制，是为了避免更坏的限制。然而，我们已经在这一点上走得太远了。眼下的当务之急是消除这些限制，而非再增加限制。”①

---

① 米尔顿·弗里德曼，罗丝·弗里德曼. 自由选择. 北京：机械工业出版社，2008. 66

第四章
解雇权限制之解雇事由

如前所述，国际劳工组织在 1963 年第 119 号《由于资方原因终止劳动关系的建议书》中首次提出的“正当事由”解雇原则已经被国际社会所普遍承认，成为各国和地区劳动法通行的解雇原则。正当事由说对于禁止解雇权滥用理论的逐步替代标志着对解雇自由的扬弃，强化了对劳动者工作权的保障。

正当事由说要求雇主所实施的解雇，必须依据法律规定始得行使，违法解雇将导致解雇无效。从世界各国对于“正当事由”解雇原则的贯彻来说，其主流模式为通过法律对解雇的“正当事由”进行概括性、原则性规定。日本、法国、德国、英国的成文法均采用这种模式。我国 1994 年的《劳动法》基本上也是采用正当事由说来建构解雇体系的，但在解雇事由的确定上，我国选择了一条通过成文法具体列明解雇事由法定要件而非概括性界定的模式。在《劳动法》中，这种法定条件的列举是通过将解雇事由划分为过错性解雇、无过错性解雇和经济性裁员三种类型来完成的。①《劳动合同法》基本上沿用了这种划分。因此，解雇的正当事由在我国也被实际演化为“解雇权的法定列举”。这种法定化的正当事由彻底地否定了解雇自由，由于解雇要件具体而确定，易于控制用人单位的解雇权滥用，提高了解雇保护程度。但是，由于解雇权的法定列举不可能周延所有“正当事由”，法定化的正当事由也面临着解雇中的灵活度和弹性化丧失的弊端。采用类似我国列举式规定的国家或者地区比较少，主要有古巴以及我国的台湾地区等。

第一节 过错性解雇中的解雇事由

过错性解雇，也称即时解雇（summary dismissal），是指用人单位在劳动者存在一定过错的情况下，无须通知即可单方面解除劳动合同的行为。在我国，过错性解雇主要是因为可归责于劳动者的行为而产生的。劳动者的不良行为使劳动关系受到干扰无法继续维系，用人单位得以行使过错性解雇的权利解除劳动合同。由于过错性解雇不经过预告即可发生效力，是对劳动者最严格的惩戒手段，因此此类解雇在国际上也被称做惩戒解雇。用人单位实施过错性解雇，无须向劳动者支付经济补偿金。国际通行的惩戒解雇理由主要是由劳动者自身行为引发的，主要包括违反忠实义务、不服从雇主命令、工作中使用暴力、不诚实等行为。日本法院在判例中就对“归因于雇员的原因”做出过解释，将惩戒解雇的原因细化为十个类型，并对雇主立即解雇员

① 在过错性解雇、无过错解雇以及经济性裁员之外，我国《劳动法》还创设了推定解雇制度并为《劳动合同法》进一步发展。所谓推定解雇（constructive dismissal），是指形式上是由劳动者提出辞职，但实际上是用人单位解雇的一种行为。《劳动合同法》将推定解雇归纳为劳动者即时通知解除以及不需事先告知解除两种情形（第 38 条），并要求用人单位向推定解雇的劳动者支付经济补偿金。由于推定解雇依然是以劳动者辞职为形式而表现出来的，故本书还是将其视为劳动者单方解除劳动合同的情形，并未列入解雇权限制的讨论范围。

工的利益和员工寻找新工作得到充分通知的必要性进行考虑。①

我国的过错性解雇是在企业违纪处罚以及辞退制度的基础上发展来的。国务院 1982 年颁布了《企业职工奖惩条例》，根据该条例，企业可以对国有企业、集体企业中严重违反劳动纪律的员工以开除、除名的方式进行解雇，涉及七种违纪行为。1986 年，国务院又发布《国有企业辞退违纪员工暂行规定》，对七种违纪行为转化为辞退条件。应当说，虽然《企业职工奖惩条例》《国有企业辞退违纪员工暂行规定》对当时国有企业强化劳动纪律、维护社会化大生产有着积极的促进作用，但其基本设计由于有过重的行政化痕迹，与现代化市场经济条件下的劳动关系是相背离的。在 1986 年劳动合同制推行的基础上，《劳动法》没有沿袭开除、除名、辞退的规定，而是通过与劳动合同挂钩的方式将违纪解雇改造成为一种用人单位的单方解除行为。《劳动合同法》第 39 条对原《劳动法》中过错性解雇的法定事由进行了扩大，现主要包括：（1）劳动者试用期不符合录用条件；（2）劳动者严重违反用人单位规章制度；（3）劳动者严重失职、营私舞弊，给用人单位造成重大损害；（4）劳动者同时与其他用人单位建立劳动关系，对完成本单位的工作任务造成严重影响，或者经用人单位提出，拒不改正；（5）劳动者以欺诈、胁迫的手段或者乘人之危使用人单位在违反真实意思的情况下订立或者变更劳动合同致使劳动合同无效；（6）劳动者被依法追究刑事责任。

作为对劳动者一种严格的惩戒手段，过错性解雇事由的存在可以使用人单位借此提升本单位人员的工作品质、维持用人单位的合理运营。法定的解雇事由以一种授权性规范的形式出现，一方面使用人单位得以获得行使惩戒性解雇的合法依据，另一方面也限制了惩戒解雇权行使的空间范围。以下仅以试用期解雇、严重违规解雇、意思表示瑕疵的无效劳动合同解雇为例，分析过错性解雇中值得审视之处。

① Albert A. Blum. International Handbook of Industrial Relations Contemporary Developments and Research. London：Aldwych Press，1981，p127

一、试用期解雇

在试用期劳动合同解除的问题上，《劳动合同法》也进行了对劳动者有利的倾斜性权利配置。劳动者提前 3 天通知即可解除劳动合同，而用人单位只有在证明劳动者不符合录用条件的情况下才能解除劳动合同。依据该法第 21 条之规定，用人单位在试用期解雇劳动者时，不得使用除过错性解雇事由以及非过错性解雇中不能胜任解雇以及医疗期满解雇之外的其他事由。试用期解除劳动合同，用人单位还应向劳动者说明理由。

劳动合同试用期，是劳动关系双方当事人订立劳动合同之时，依照法律规定，在平等自愿、协商一致的基础上在劳动合同期限之内特别约定的一个供双方当事人互相考察的期间。劳动合同试用期实质上是用人单位对劳动者是否具有适应具体岗位能力和技能的一种初步审查和测试。对于试用期的法律性质，日本劳动法学界有着不同的认识，一种观点强调试用期的劳动关系是具有实验性的契约，有别于正式的劳动契约；另一种观点认为试用期的劳动并非契约关系，而是包含于正式劳动契约之中。前者衍生出试用期的“预约契约说”和“特别契约说”，后者衍生出试用期的“停止条件说”“解除条件说”和“解雇权保留说”。①

“预约契约说”与“特别契约说”均认为试用期是一个附随于正式劳动契约的契约。不同之处在于，前者认为此契约的目的在于判断劳工职业适格与否，以作为订立正式劳动契约的预约；而后者认为试用期劳动契约具有实验目的，是一个订有期间的特别劳务供给契约。无论是“预约契约”还是“特别契约”，其面临的理论障碍在于：将试用期劳动排斥在劳动契约之外，无法解释试用期间劳雇双方权利义务关系之归属。“停止条件说”视试用期间的劳动并非一个独立契约，仅是劳动契约附有的一个停止条件而已，试用期间内，雇主如果判定劳工适格，则停止适用的条件成就，试用劳工成为正式劳工；反之，

① 刘志鹏. 劳动法理论与判决研究. 台北：元照出版公司，2000. 46

则劳工被解雇。“解除条件说”视试用期劳动为劳动契约的解除条件，若雇主判定适用劳工不适格，则解除条件成就，劳动契约效力归于消灭。“解雇权保留说”为日本现在的主流学说，该学说认为试用期开始之时劳动契约即发生效力，但是雇主另行保留解雇权，一旦在试用期发现劳工有不适格情形，得依此将劳工解雇。试用期届满之后，若雇主不行使保留的解雇权，劳动契约则继续有效。“停止条件说”与“解除条件说”的共同问题在于：对法律行为设置的所谓法律条件，应是“以将来客观上不确定事实为内容之附款”[①]，以雇主未来主观上对于试用劳工适格与否所做的判断作为成就条件，似与法理相悖。综合考虑，唯有“解雇权保留说”在理论论证上较有说服力。

我国《劳动合同法》第 19 条第 1 款明确规定：“试用期包含在劳动合同期限内。劳动合同仅约定试用期的，试用期不成立，该期限为劳动合同期限。”也即，试用期是劳动合同期限的一个组成部分，不能存在于劳动合同之外。结合《劳动合同法》对于试用期劳动合同可以适用过失性解雇和部分非过失性解雇的规定，可以判断出，我国劳动立法将劳动合同试用期从法律性质上理解为“解雇权保留”，与日本通说近似。依“解雇权保留说”，用人单位约定试用期间的最终目的在于可以有较大的权限来解除试用期劳动者。依此判断，与普通劳动合同相比，试用期的劳动合同应具有更大的解雇弹性空间，用人单位应更容易解除。然而，我国的《劳动合同法》对试用期的劳动者却采用了更高程度的解雇保护。

依据《劳动合同法》第 21 条的规定，在试用期，用人单位解除劳动合同能够援引的解除理由仅限于第 39 条的过失性解除以及第 40 条中的医疗期满解除和不能胜任解除。除此之外，用人单位不得解除劳动合同。用人单位在试用期解除劳动合同的，还需向劳动者说明理由。从逻辑上来分析《劳动合同法》的几个解雇保护条款，用人单位不能适用第 40 条第 3 项中的“情势变更”条款来解雇处于试用期的

① 梁彗星．民法总论（第二版）．北京：法律出版社，2001．180

员工，也不能适用第 41 条的经济性裁员来裁减试用期员工，在适用医疗期满解除和不能胜任解除时还同样要受到第 42 条禁止性解除规定的限制并说明理由，解雇实施起来可谓困难重重。《劳动合同法》第 40 条第 3 项中的“情势变更”解除条款，是为了解决劳动合同缔约时基础条件变化致使劳动合同无法履行的窘境而设。既然试用期间在劳动合同期内，试用期如果出现该款所规定的“劳动合同订立时所依据的客观情况发生重大变化”，用人单位理应可以解除劳动合同。然而《劳动合同法》第 21 条将“情势变更”排除在试用期解雇理由之外，明显与试用期非独立于劳动合同的特性相冲突。对尚在“考察”阶段的劳动者施加较之正式员工更严格的解雇保护，的确让人费解。在经济性裁员过程中，试用期员工的职业预期尚未形成，仍处于不安定状态之中，此时应将其列为优先裁减对象才合乎正常理解。但是严格按照文义解释，我国《劳动合同法》第 21 条也明显排除了对于试用期劳动者适用经济性裁员。此种排除性规定与立法目的不无矛盾，应为一明显立法漏洞。

试用期解雇的针对性事由主要是劳动者“不符合录用条件”。录用条件不同于招工条件，招工条件是用人单位在招聘时选择劳动者基本的资格要求，录用条件则是用人单位确定所要聘用的劳动者的最终条件。但在劳动争议中存在招工条件而没有明文规定录用条件时，司法实践常将招工条件视为录用条件。作为衡量试用期劳动者是否适格的法定指标，应是一个多种因素的考量，仅局限于静态的“录用条件”无疑过于狭窄。“劳动合同试用期考察的范围和条件应当做宽泛的理解。”[①] 对用人单位而言，解雇试用期劳动者是其在试用期约定中保留的特权，但在解雇权行使的时候，证明试用期员工不符合录用条件则又转化为其对应的义务。

试用期为用人单位普遍采用的一种挑选适格员工的机制，它降低了人才的发现成本，节约了单位的人力资源投入。然而，当立法对试

① 姜颖．完善劳动合同试用期的立法建议．中国人力资源开发，2006（7）

用期劳动者采用过强的解雇保护力度，试用期的“试验”性目的将大打折扣，用人单位基于成本因素的考虑会放弃试用期员工而转向采用其他更加灵活的用工形式。这也将对初次求职的劳动者造成不可估量的损害。因此，对于试用期解雇，我国应适度降低解雇保护的力度，在与试用期员工职业适格性相关的解雇理由上应减轻用人单位的证明责任，恢复试用期“解雇权保留”的法律属性。

二、严重违反规章制度解雇

用人单位的劳动规章制度，也称工作规则、工厂规则，或者works rules，rules of employment，意指用人单位依法制定并在本单位内实施的，组织和管理劳动活动的规则和制度。对于规章制度的法律性质，由于我国劳动法律并未明确界定，劳动法学界对此问题存在不同的理解。总结而言，有关规章制度法律性质的学术观点主要有“契约说”和“法律规范说”。

主张“契约说”的学者认为用人单位的规章制度由用人单位单方制定或者变更，经过本单位劳动者同意，成为劳动契约的内容之一。在“契约说”的学术观点中，影响最大的为“劳动合同附件说”。主张“劳动合同附件说”的学者认为用人单位的规章制度是作为劳动合同的附件存在的，应定性为附合合同。“规章制度由用人单位单方面制定，从而充分发挥用人单位的支配管理权，实则构成劳动合同履行上的附合化。”[①] 我国台湾的一些学者也认为工作规则本质上是一种“定型化契约”，应当受到事前开示和条款合理原则的限制，“借着开示原则及合理原则，从程序面及实体面来监督定型化契约”[②]。主张“法律规范说”的学者则认为规章制度发生约束力的根源在于其具有法规范的性质，并不涉及劳动者的主观意志。“工厂规则的主要内容都是依据法律制定的，是法律规定内容的具体化”；“依据法律规定制

① 丁文联. 试论劳动合同附合化. 法商研究，1996（6）

② 刘志鹏. 劳动法理论与判决研究. 台北：元照出版公司，2000. 285

定的规章制度，应该受到法律的保护，具有法律赋予的效力”。[①] 依据学者对法律规范权力源泉的不同理解，该说又可以进一步演化为经营权说、法律授权说和习惯法说。[②]

从《劳动法》条款对于规章制度法律地位的处理来看，基本上认定其并非具有国家法律规范的效力，而是需要由劳动合同来进行确认。[③] 从《劳动合同法》中对用人单位制定与劳动者切身利益相关的规章制度必须经过民主程序与工会或者职工代表平等协商确定和进行公示的规定来看，逻辑上也比较贴近“劳动合同附件说”，即将规章制度视为一种格式条款或者格式合同。此种解说也可以解释《最高人民法院关于审理劳动争议案件适用法律若干问题的解释（二）》中关于“用人单位制定的内部规章制度与劳动合同约定的内容不一致，劳动者请求优先适用合同约定的，人民法院应予支持”的规定。因为根据一般法理，格式条款与非格式条款内容不一致的，应当采用非格式条款。应当说，将规章制度作为一种定型化的劳动合同来理解是正确的，因为若依“法律规范说”，用人单位单方面制定的规章制度，无论劳动者同意与否均会发生法律约束力。以此，用人单位可以凭借一己之力对规章制度进行不利于劳动者的变更而损及劳动者利益。这是“法律规范说”自身无法克服的缺陷。“‘法规说’过分提高了工作规则之法律地位，不当地授予私法人之立法权，使资方因此立于近乎公权力对人民的统治地位。”[④]

作为对本单位劳动活动的组织和管理规则，规章制度中自然包括

---

① 史探径．社会法论．北京：中国劳动社会保障出版社，2007．66

② 经营权说认为规章制度来自于用人单位的经营统治权，习惯法说将规章制度看做企业内部的习惯法，法律授权说认为规章制度具有法律约束力是因为劳动法出于保护劳动者的目的赋予规章制度法效力。参见：董保华，陈亚．用人单位规章制度的法律性质及立法模式．北京：中国劳动社会保障出版社，2005．166～169

③ 《劳动法》第 4 条规定，用人单位应当依法建立和完善规章制度，保障劳动者享有劳动权利和履行劳动义务。《劳动法》第 19 条规定，劳动纪律是劳动合同的必备性条款之一。

④ 黄越钦．劳动法新论．北京：中国政法大学出版社，2003．143

对劳动者不当行为的惩罚，其中劳动者违反劳动纪律的惩罚应当是规章制度中重要的内容。将用人单位的规章制度纳入劳动契约的范畴来加以调整，可以预防用人单位以单独片面的方式实施对劳动者的惩罚。“在今日契约时代之企业惩罚制度，其规范上之正当性与合法性亦唯有以劳动契约之本质始能肯定之，换言之，企业惩罚制度系劳动契约义务之具体化规定：涉及劳动契约义务之违反时，始有实施企业惩罚制度之制裁措施的正当性与合法性。”① 依照“附合性契约”性质的解读，规章制度中用人单位的惩罚权本源上依然来自于劳动契约。因此，一个有效的规章制度，需要在制定程序上满足与工会或者职工讨论、协商并向本单位所有劳动者进行公示告知，这是劳动契约形成合意的一个基本要求。另外，规章制度在内容上应当不违反强制性法律法规以及公序良俗，并且受到来自劳动执法与司法部门的监督，这也是契约正义的一个基本要求。当然，即使受到了这些方面的层层限制，用人单位在很大程度上依然可以决定规章制度中的惩罚权，包括设置解雇劳动者的事由。毕竟，用人单位在规章制度的制定上握有主动权，这也是从“定型化契约”中可以推导出来的结论。

在违规解雇方面，《劳动合同法》对《劳动法》的重大性改造在于变更了解雇事由的条件。《劳动法》对于违规解雇事由的表述为：“严重违反劳动纪律或者用人单位的规章制度”，解雇条件实际上包括严重违反劳动纪律的解雇和严重违反规章制度的解雇两种情形，用人单位可以选择其一。依据《劳动部关于〈劳动法〉若干条文的说明》，“严重违反劳动纪律的行为，可根据《企业职工奖惩条例》和《国有企业辞退违纪员工暂行规定》等有关法规认定”，对于劳动者违反劳动纪律的解雇，用人单位在没有完善规章制度的前提下，可以适用相关法规来行使违纪解除权，实际上较为宽松。而《劳动合同法》在违规解除的条文表述上使用了“严重违反用人单位的规章制度”，实际上删除了《劳动法》中的违纪解除内容。这种改造从严收紧了违规解

① 黄程贯．企业惩罚权．台湾社会研究季刊，1989（秋季号）

雇，也对用人单位规章制度的制定提出了更高的要求。如果本单位没有对于员工解雇惩罚的相关内容在规章制度中予以规定，违规解雇将失去用武之地。例如，如果员工发生连续 15 天以上的旷工，依据《企业职工奖惩条例》，此时已经符合除名的标准，用人单位可以解雇。但在《劳动合同法》下，如果不将连续 15 天以上旷工写入严重违反规章制度的情形之中，违规解除将无法适用。

在违规解除的适用上，《劳动法》与《劳动合同法》都要求达到"严重违反"的程度。作为一个不确定的法律概念，"严重违反"要求用人单位必须在规章制度中将其量化为具体的情形，这类似于一个授权性条款由用人单位自由裁量。但是，对于何种违反达到了"严重违反"的性质，应当考察规章制度中相关内容的合理性，并非用人单位任意为之的规定即可确定。劳动仲裁与劳动诉讼应当通过司法控制来规制规章制度中解雇权设定的合理性，审查这些规则内容的效力。有学者认为，"在解释规章制度时应当平衡劳动者的权利，不应再做类推、扩张或者补充而为解释"[①]，此观点可兹赞同。对于用人单位通过规章制度设定《劳动合同法》第 39 条之外的解雇事由，应当在法理上要求其达到第 39 条中规定情形的严重程度，以此作为其合法性认定的标准。否则，任由用人单位对于"严重违反"的情形进行自由裁量将使设定惩戒解雇理由的意义丧失殆尽。

三、意思表示瑕疵的无效劳动合同解雇

《劳动合同法》在第 39 条过错性解雇中新增加了一项内容：劳动者以欺诈、胁迫的手段或者乘人之危，使用人单位在违反真实意思的情况下订立或者变更劳动合同致使劳动合同无效的，用人单位可以解除劳动合同。对于这种当事人意思表示瑕疵的劳动合同，《劳动法》与《劳动合同法》均将其视为无效的劳动合同。

依照《合同法》的基本原理，无效的合同自始无效、永久无效。

---

① 黄建中，高圣平．用人单位内部规章制度的性质与司法控制．人民司法，2007（4）

在合同被认定无效之后，其应当被恢复至合同订立之前的状态。《劳动法》对于无效的劳动合同，基本秉承了传统民法的认识，认为其从订立之初就没有法律效力。然而，劳动合同的继续性以及人身性使民法的对合同无效的理论转化适用于劳动合同时会遇到现实的障碍。由于劳动力不具有储存性，劳动合同一旦被认定无效，劳动力的给付无法复原至劳动关系建立之前，更为重要的是，劳动合同的永久无效意味着劳动关系的强制消灭，这将使劳动者丧失工作重新回到劳动力市场，严重损害了劳动者的利益。因此，从维持劳动关系稳定以及保护劳动者利益的角度出发，劳动法对无效劳动合同的处理应有异于传统民法。《劳动合同法》在第 28 条中规定了劳动合同被确认无效后，劳动者已经付出劳动的，用人单位应当向劳动者支付劳动报酬；报酬数额参照本单位相同或者相近岗位劳动者的报酬确定。此项规定实际上推翻了民法对于无效合同自始无效的认识，将无效劳动合同变相当做一个可变更劳动合同予以处理，并对工资给付提供了一个法定的参照标准。[①] 与无效劳动合同在溯及力上的改造对应，《劳动合同法》在无效劳动合同的法律后果上，将意思表示瑕疵的无效合同归入劳动合同解除的一种类型使劳动关系消灭。然而，这种处理模式却违背了民法有关合同解除的基本原理。合同解除的一个基本前提应当是合法有效的合同，无效的合同因为欠缺生效要件，并不发生法律效力，自然也并不存在所谓解除问题，仅产生事实劳动关系。因此，对于因意思表示瑕疵的无效劳动合同适用解除，将产生理论逻辑上的悖论。"《劳动合同法》仅作可解除的规定而对无效劳动合同如何存续未作规定，这就给已不是确定劳动权利义务之依据的无效劳动合同如何生效的问题，留下疑问。"[②]

实际上，民法对于因欺诈、胁迫、乘人之危订立的合同，是将其归入可撤销合同的范畴，以相对人行使形成权的方式加以撤销，进而

① 郭文龙．无效劳动合同处理规则的分析与适用．现代交际，2009（6）

② 王全兴，黄昆．劳动合同效力制度的突破和疑点解析．法学论坛，2008（2）

产生合同关系消灭的法律后果的。因此，将意思表示瑕疵的劳动合同归入可撤销劳动合同的范围以与无效劳动合同相区别，应当是一种更为简单而逻辑清晰的改进。较之直接认定劳动合同无效，撤销权的赋予一方面使用人单位拥有了使合同归于无效的选择权，另一方面也可以发挥撤销权一年期的行使期限长度限制用人单位权利的行使，为劳动者提供了适当的保护。

第二节　无过错解雇中的解雇事由

所谓无过错解雇，是指用人单位非因可归责于劳动者的主观过错而与劳动者解除劳动合同的行为。由于无过错解雇并非由于劳动者之主观过错所致，用人单位事先须向被解雇劳动者进行解雇预告，经过预告期间，解雇始发生法律效力。因此，从程序的角度而言，无过错解雇也被称为预告解雇（dismissal with notice）。又因为无过错解雇的解雇事由非可归责于劳动者，用人单位在实施解雇时需要向劳动者支付经济补偿金（资遣费），以此提供劳动者寻求新职位期间的物质帮助，所以我国的无过错解雇也可以归入国际上通行的资遣解雇。

国际通行的预告解雇事由一般都与劳动者自身的能力与资质，以及雇主的经营能力有关。我国《劳动合同法》规定，用人单位适用无过错解雇，需要提前 30 天以书面形式通知劳动者本人或者额外支付一个月工资。我国无过错解雇的解雇事由有三种：（1）劳动者患病或者非因工负伤，在规定的医疗期满后不能从事原工作，也不能从事由用人单位另行安排的工作的；（2）劳动者不能胜任工作，经过培训或者调整工作岗位，仍不能胜任工作的；（3）劳动合同订立时所依据的客观情况发生重大变化，致使劳动合同无法履行，经用人单位与劳动者协商，未能就变更劳动合同内容达成协议的。

一、我国无过错解雇事由的法理分析

由于无过错解雇是因非可归责于劳动者的解雇类型，因此各国对于解雇的事由普遍采取了较为严格的解雇限制。例如，德国要求解雇

应具有合理的理由并且符合社会正当性选择的标准，日本要求解雇符合“客观合理”的解雇理由且具备社会正当性要件，法国要求解雇的理由应当是“实际的严肃的理由”。观察各国劳动立法以及司法中对于无过错解雇事由的判断，一般均要求解雇所援引的理由应当满足：(1) 该事由反复发生并且未来难以继续改善；(2) 该事由对于劳动关系之正常运行已经产生重大阻碍，使雇主对于劳动关系继续维系的期待性落空；(3) 雇主已经尽到解雇回避的努力义务，或者根本无法进行解雇回避。常见的无过错性解雇事由主要集中于劳动者的伤病严重影响工作能力以及劳动者能力不足不具有任职的适格性。

从理论上看，我国劳动合同立法将无过错解雇事由局限于医疗期届满、不能胜任工作以及客观情况变化三种情形，基本上采纳的是合同法中的“情势变更原则”。在合同之债的履行中，情势变更原则的含义为：“在合同成立之后，履行之前，如有合同当事人于订立合同时无法预料、且无法控制的事由发生，致使合同之基础或环境发生根本性的变化，若依此情境仍继续维持合同原有效力明显有悖诚实信用原则，应允许循法定之途径对该合同法律效力做相当变动，以适应情势之变化，维护合同当事人之间的实质公平。”[①] 作为对“合同严守”观念的突破和对社会实质正义的维护，情势变更原则被普遍视为诚实信用原则在合同履行制度上的延展。西方国家普遍将合同法中的这种情势变更原理适用于劳动法的经济性裁员制度中，而我国则将其应用于无过错性解雇。情势变更原则之所以能够适用于无过错解雇制度，因其发生的要件之一为“客观事变”，并为不牵涉合同当事人的自身行为，也即双方当事人都具有不可责难性。正是这种不可责难性使用人单位得以以“合同落空”为由解除与劳动者的劳动合同。但是，在情势变更原则适用之时，由于用人单位解除劳动合同所依据的是订约时不能预测到的客观事实的变更，因此这种客观事实一定是一种显著的变更、一种普遍的长期化的变更，而且这种变更必须已经导致劳动

① 谢怀栻. 合同法原理. 北京：法律出版社，2000. 188

关系的运行存在通过其他方法无法克服的重大问题。“盖情事变更原则适用之目的在排除不公平之结果，且必须在法律上别无救济方法时，始有其适用。”[①] 从我国无过错解雇的三种情形来看，实际上都要求用人单位在解雇之前要尽到最大限度地回避解雇义务。医疗期届满的劳动者不能从事原来的工作，必须先行由用人单位另行安排工作，在不能从事另行安排工作的情况下始得解雇；劳动者不能胜任工作，必须经过培训或者调整工作岗位，如再次发生不能胜任工作的情形始得解雇；订立劳动合同的情况发生重大变化致使劳动合同无法履行，需要通过用人单位和劳动者之间进行协商，在无法进一步变更劳动合同内容的情况下始得进行解雇。

可见，我国的无过错解雇事由虽然应用的是“情势变更”法理，但是从功能上看，与西方劳动法上所采用的最后手段原则是相通的。他们的区别主要在于最后手段原则主要是通过司法判决的方式形成的劳动司法惯例，而我国则是通过成文法规定的方式在法条中明示。解雇的最后手段原则，其本意为在没有其他对劳动者损害比较轻微的手段可以使用时，才考虑采用解雇的方式，以最大限度地保障劳动者的工作权。在最后手段原则发源地的德国，司法实践中认为最后手段原则是所有解雇事由都应当遵循的。“最后手段原则兼顾雇主利益，并未干涉过多，实为各种劳动契约雇主单方终止的共通原则。”[②] 在德国，根据最后手段原则，在因为劳动者个人因素而导致解雇发生之时，一般都要求雇主经过调职、变更劳动条件继续雇佣等手段来回避解雇。[③] 然而，最后手段所要求的解雇回避努力义务，并不是要求以上每一项回避措施都要践行，而是雇主在可能范围内尽其所能回避解雇即可。“最后手段原则并非要求雇主采取绝对最轻微之手段，而是于可期待之范围内，以兼顾双方利益之均衡，求取劳动契约之维持，

---

① 林诚二．情事变更原则之再探讨．台湾本土法学杂志，1989（7）

② 黄程贯．劳动法（修订版）．台北：空中大学出版社，1996．486

③ 林更盛．论广义比例原则在解雇法上之适用．中原财经法学，2000（5）．72

且不过度侵害雇主之财产权为前提进行。”① 由于最后手段原则是作为一种司法控制手段适用于解雇事由审查的，因此其可以针对个案而做出具体化的判断，权衡其间雇主与劳动者之间的利益，选择伤害较轻的解雇措施，应是对解雇权的合理性限制。我国通过情势变更原则的应用实际上是将最后手段原则转化应用于无过错解雇的法定理由之中，这本质体现了对劳动者更加严格的倾斜保护。因为成文法对用人单位在解雇实施之前所应当采取的回避措施已经明定，没有依照法定实施方法采取回避解雇行为，解雇将被认定为非法解雇，留给司法控制的空间已经很小。

二、不能胜任解雇的解析

劳动者不能胜任解雇是国际通行的一种资遣解雇情形，我国《劳动法》与《劳动合同法》均将其视为无过错解雇的一种典型类型。依我国原劳动部之解释，所谓不能胜任，是指劳动者不能按要求完成劳动合同中约定的任务或者同工种、同岗位人员的工作量。② 但是原劳动部对于不能胜任的这个解释并没有具体说明劳动者对于工作的不能胜任是出于客观原因还是主观原因。我国台湾地区“劳动基准法”中也有关于不能胜任解雇的规定，台湾劳动学界对于“不能胜任”的判断标准也存在“客观说”与“主客观兼具说”的认识差异。客观说认为不能胜任是由于用人单位以及劳动者自己的客观原因造成的，例如黄越钦教授认为，“劳工本来并非不能胜任，而是在事业采用自动化或新生产技术才使得劳工面对新技术而显得不能胜任。”③ 而主客观兼具说认为，不能胜任不仅包括客观原因导致不能胜任，还包括劳动者在工作上主观懈怠、不忠实于本职工作，不能完成指定任务。例如郭玲惠教授认为，“盖判断劳工‘胜任’与否，除了客观上之‘不能’

① 张宛如.“劳动基准法”第十一条解雇理由之研究.台湾大学硕士研究生毕业论文，2005. 106

② 劳动部.关于《劳动法》若干条文的说明（劳办发［1994］289 号）

③ 黄越钦.劳动法新论.北京：中国政法大学出版社，2003. 157

之因素外，事实上更应考虑该劳工是否主观上有积极的‘能为而不为’或消极的‘能为而无意愿’之情形”。[①] 就我国《劳动合同法》对不能胜任解雇的法律定位来看，采纳的是客观说，排除了主观原因而导致的不能胜任。实际上，对于劳动者因主观懈怠、违反忠实义务不能完成工作的情形，可以通过过错性解雇中的解雇事由（严重违规解雇、严重失职解雇）来加以规范处理。从体系解释角度来看，我国对于可归责于劳动者的惩戒解雇（第 39 条）和不可归责于劳动者的无过错解雇（第 40 条）采用了分别列举的方式，不能胜任解雇被归入无过错解雇范畴，很明显排除了可归责于劳动者主观性过错的适用。因此，不能胜任解雇的解雇理由应仅限于因客观原因导致的劳动者在技术上或者能力上不能胜任工作，这也是之前对无过错解雇的法理解析下可以得到的结论。

依我国《劳动合同法》对适用劳动者不能胜任解雇时的要求，实际上具有三个要件。一是用人单位要证明劳动者不能胜任工作，二是在不能胜任后进行培训或者调整工作，三是在培训或者调整工作之后用人单位能够证明劳动者仍不能胜任工作。应当说，《劳动合同法》在举证责任的配置上将以上三个要件的举证责任都分配给了用人单位，必须由用人单位来举证证明不能胜任解雇满足了以上三个要件，否则用人单位将会承受劳动争议败诉的结果。对于“不能胜任”“仍不能胜任”的举证，一般用人单位要通过人力资源管理的绩效考核方式来予以证明。但是对一个员工任职资格的有效管理，要求“能够赋予‘不能胜任工作’‘仍不能胜任工作’等含混概念以精确的、操作化的含义，以满足司法治理机制的‘外部视角’对于证据可观察、可检验的刚性约束。然而，必须指出的是，人力资源管理和企业运营的内在规定性决定了《劳动合同法》赋予企业的合同解除抗辩权很难适

① 郭玲惠．终止劳动契约——兼论德国之制度．中兴法学，1994（5）．34

应司法治理机制的证据要求”[①]。为了能够在司法裁判中保持对非法解雇的抗辩理由，用人单位在解雇不能胜任员工时必须保有足够的具有可观察性和可检验性的证据，以应对三次连续举证责任的要求，这无形地提高了用人单位人力资源管理的成本。

在实施不能胜任解雇之前，《劳动合同法》要求用人单位对劳动者工作岗位的调整实际上是一种法定的解雇回避努力义务，其目的在于通过调职来维系劳动者的就业安定。“企业内、外调职圆滑运用，其最基本目标在于维持雇佣，避免资遣等激进人事手段。”[②] 然而此时实施的工作岗位调整，表面上看是对劳动契约内容的一种变更，由此产生出调整工作岗位到底是依双方协商一致还是可依用人单位意思为之的争议。分析不能胜任解雇之前的工作岗位调整，是法律要求用人单位所履行的法定义务，此时不能简单将其认定为劳动合同的内容变更而要求工作岗位调整须与劳动者达成一致。若依据劳动合同变更为标准来认定此时的工作岗位调整，由于《劳动合同法》规定劳动合同的变更需要双方协商一致书面变更，劳动者拒绝工作岗位调整将使调职无法进行，解雇回避努力的意义也就此落空。因此，此时的工作岗位调整应理解为依用人单位单方意思表示即可发生效力，若因员工拒绝调职而导致解雇，不能否定解雇的有效性。当然，用人单位对员工工作岗位调整的前提应需有证据证明存在劳动者不能胜任的情形，而且须保持调职行为的合法性，不能出于恶意或者有违公序良俗原则，以防止调职行为被滥用。

三、解雇禁止情形分析

所谓解雇禁止，是从许可解雇事由的反面来限制用人单位解雇权的行使。我国《劳动合同法》对于无过错解雇与经济性裁员的解雇禁止主要集中于第 42 条，包括六种情形：（1）从事接触职业病危害作

① 吴元元. 劳动契约安排的制度逻辑——无固定期限劳动合同的法律经济学重读. 现代法学，2009（1）

② 刘志鹏. 劳动法理论与判决研究. 台北：元照出版公司，2000. 163

业的劳动者未进行离岗前职业健康检查，或者疑似职业病病人在诊断或者医学观察期间的；（2）在本单位患职业病或者因工负伤并被确认丧失或者部分丧失劳动能力的；（3）患病或者非因工负伤，在规定的医疗期内的；（4）女职工在孕期、产期、哺乳期的；（5）在本单位连续工作满 15 年，且距法定退休年龄不足 5 年的；（6）法律、行政法规规定的其他情形。

就《劳动合同法》第 42 条第 6 项中“法律、行政法规规定的其他情形”而言，我国法律中的解雇禁止还包括《工会法》中因参加工会活动的解雇禁止。2001 年修改的《工会法》在法律责任一章中，对职工因为参加工会活动而被解除劳动合同的，可以通过劳动行政部门责令用人单位恢复工作，补发劳动报酬或者责令给予劳动者年收入两倍的赔偿。然而，与国际劳工组织中有关反对劳工参加工会活动歧视的国际公约比较，我国在劳动者参与工会活动的解雇禁止立法上还有欠缺。根据国际劳工组织 1949 年第 98 号公约《组织和集体谈判权利的原则应用公约》的规定，劳工应当充分享有其在就业方面免受反对工会之歧视行为的保障，这种保障特别适用的行为类型包括：“（1）以工人不得参加或者退出工会作为雇佣的考虑；（2）因劳工是工会会员，或者在工作时间之外参加工会活动，或者经过雇主允许在工作时间参加工会活动，以此作为解雇劳工或者歧视劳工的理由”①。第 98 号公约中所规定的“以工人参加或者退出工会作为解雇理由”，是国际劳动法学界公认的“黄犬契约”（yellow-dog contract），美国、日本等国都将其视为不当劳动行为，通过立法严格规制。② 我国应当将此内容补充进劳动者参加工会活动歧视禁止的内容之中，在保障劳动

---

① 国际劳工组织网站，http://webfusion. ilo. org/public/db/standards/normes/appl/appl-displayConv. cfm? conv=C098&hdroff=1&lang=EN，2010-01-10

② 英文中的黄犬（yellow dog）有卑鄙奸诈之意，黄犬契约在劳动法中意指雇主以劳动者“不得加入工会，或者脱离工会”为条件而与劳动者签订劳动契约。黄犬契约被视为是对劳动者自由结社权的破坏。参见：常凯．劳权论——当代中国劳动关系的法律调整研究．北京：中国劳动社会保障出版社，2004．349

者消极工作权的同时也保障团结权的行使。另外，劳动者参加工会活动的解雇禁止在《工会法》中仅能通过劳动行政的途径寻求法律救济，实有不当之处，应将其纳入整个劳动合同的解雇体系之中，使司法救济成为可能。

我国解雇禁止立法中还明显欠缺有关歧视性解雇禁止的规定。虽然《劳动法》以及《就业促进法》等法律中均规定了，“劳动者就业，不因民族、种族、性别、宗教信仰不同而受歧视”，但此内容没有明示解雇禁止适用于在职劳动者，也没有规定出现歧视性解雇的处理途径，仅具宣示效果。在我国已经加入的国际劳工组织 1958 年《消除就业与职业歧视公约》中明确规定，歧视是指，“基于种族、肤色、性别、宗教、政治见解、民族血统或社会出身等原因，具有取消或损害就业或职业机会均等或待遇平等作用的任何区别、排斥或优惠”[①]。对劳动者基于歧视而实施的解雇明显属于该公约的“歧视”范围。对此，我国劳动立法应尽快将歧视性解雇列入禁止解雇的事由之中。在目前我国无法建立起就业和职业歧视专门审查机构的条件下，应将歧视性解雇作为违法解雇的类型之一交由司法机构审查其内容以做出判断。

第三节　经济性裁员中的解雇事由

经济性裁员（redundancy lay-off），是指“企业由于经营不善等经济性原因，解雇多个劳动者的情形”[②]。“经济性”强调的是解雇的原因与雇主的经营性相联系，而“裁员”一词意味着与个别解雇的区别，即大量解雇劳工。欧盟在 1998 年《大量解雇劳工指令》中对于

① 国际劳工组织网站，http://webfusion.ilo.org/public/db/standards/normes/appl/appl-displayConv.cfm?conv=C111&hdroff=1&lang=EN，2010-01-10

② 杨景宇，信春鹰．中华人民共和国劳动合同法解读．北京：中国法制出版社，2007．131

经济性裁员的概念表述为，“因为一个或多个与劳动者个人无关的原因而被雇主解雇”[①]。由于在解雇理由上经济性裁员也是基于不可归责于劳动者的个人原因而实施的解雇，因此其在性质上也可以被归入非过错性解雇的范畴，雇主需要向解雇人员支付经济补偿金。但由于经济性裁员涉及裁减的人员众多，与一般的无过错解雇在处理上存在很大区别，一般各国都将其作为一种特殊的解雇规范加以规制，甚至制定专门的大量解雇立法。

大量解雇不仅仅涉及个别劳动者的生存权利，更会对整个社会经济秩序的安定产生一定影响，因此对其进行特殊规范的目的在于调和雇主的经营权与劳工工作权之间的矛盾，以减缓大规模裁员对社会及其整体经济产生的冲击，“大量解雇劳工保护法具有劳动市场政策之目的”[②]，这也是它与个别解雇保护的差异之所在。在对被解雇的个别劳动者合法利益保护的基础上，经济性裁员的法律规范重点在于遏制雇主恶意的关厂、歇业等行为。

一、经济性裁员的适用标准与解雇事由

我国《劳动合同法》第 41 条规定经济性裁员只适用于企业这种类型的用人单位，这是与经济性裁员的“经营性”解雇事由相联系的。在适用条件上，《劳动合同法》要求企业“裁减人员 20 人以上或者裁减不足 20 人但占企业职工总数 10%以上”才能启动经济性裁员程序。应当说，我国所使用的直接控制裁员的最低人数的方式来启动经济性裁员程序与国际大多数国家的做法并不相同，多数国家均是将经济性裁员的适用标准与裁减人数以及企业规模结合起来进行考虑的(见表 3)。

① 凯瑟琳·巴纳德. 欧盟劳动法. 付欣译. 北京：中国法制出版社，2005. 526

② 杨通轩. 大量解雇劳工保护法相关法律问题研究. 法律杂志，2003 (3). 38

表 3① 典型国家和地区适用经济性裁员的标准

国别	最低解雇人数	企业规模
丹麦	10 人 10% 30 人	20～100 人 100～200 人 300 人以上
法国	10 人 30 人	300 人 —
德国	5 人 10%或者至少 25 人 30 人	20～59 人 60～500 人 500 人以上
希腊	5 人 2%～3%，最多 30 人	20～50 人 50 人以上
爱尔兰	5 人 10 人 10% 30 人	21～49 人 50～99 人 100～299 人 300 人以上
荷兰	20 人	—
葡萄牙	2 人 5 人	2～50 人 51 人以上
英国	100 人 20 人	—
瑞士	10 人 10% 30 人	20～100 人 100～300 人 300 人以上
日本	30 人以上	—
欧盟指令	10 人 10% 30 人	20～100 人 100～300 人 300 以上

① 本表根据凯瑟琳·巴纳德．欧盟劳动法．付欣译．北京：中国法制出版社，2005. 527；Callum Campbell. Labor & Employment 2006. Law Business Research Ltd，2006 等资料中相关内容整理而成。

由表中可知，除了英国、日本、荷兰等国之外，多数国家都选择将经济性裁员的法律适用标准与裁减人数以及企业规模捆绑，这种做法主要是为了将小型企业与大中型企业区别对待，以降低小型企业的经济负担。小型企业与大中型企业相比，其经济负担的承受度较低，如以法律强制施加与大中型企业同等的解雇标准，将抑制和减少其发展存续的可能性。我国立法中经济性裁员的裁减人数标准看似最低限为 20 人，但由于没有与企业规模进行联系，实际上甚至可能将较小规模的企业纳入其间[①]，这明显有违区别适用的原则。因此国内也有学者认为《劳动合同法》应当将中小企业与大企业区别对待，增强他们对于市场反应的灵活性，以提高经济的总体效率。[②]

经济性裁员的解雇事由在于说明大量裁员的必要性，即要符合经济上或者经营上的必要性。《劳动合同法》第 41 条所列举的四项解雇事由可以归为两种类型。一是用人单位发生了严重困难可以直接进行的裁员，包括依破产法进行重整；生产经营发生严重困难的。二是在情势变更之后所进行的裁员，包括转产、重大技术革新或者经营方式调整，经变更劳动合同后仍需裁员的；订立劳动合同时所依据的客观经济情形发生重大变化致合同无法履行的。仅从条文上观察，前一个类型的解雇事由是由《劳动法》第 27 条演化而来的，其特点在于已经发生了使用人单位难以为继的经营困境。对于其中的“生产经营发生严重困难”的标准法律并未做出具体规定，实际操作中是由各地方自行规定，一般各个地区对于此标准都从严掌握。后一个类型的解雇事由则突出强调了情势变更无效之后的裁员，对于因情势变更所进行的裁员必须经过与劳动者协商变更无效或者有导致劳动合同无法履行的情形才允许实施。

① 例如，我国一个雇员 10 人的企业，如果解雇 3 人，由于解雇比例达到员工人数的 30%，超过了经济性裁员规定的 10%的最低限，也将适用《劳动合同法》第 41 条。

② 王一江．吁请对中小企业免除劳动合同法．经济观察报，2008-02-18（42）

二、社会正当性选择的再认识

经济性裁员的实施，不仅需要满足四个法定的许可性要件，还要满足《劳动合同法》第41条中有关优先留用条款的限制以及第42条禁止性解雇的要求。其中，较之《劳动法》新增加的优先留用条款，明显借鉴了德国《解雇保护法》中有关社会正当性选择的内容。根据《劳动合同法》41条第2款的规定，经济性裁员裁减人员时，应当优先留用三类人员：（1）与本单位订立较长期限的固定期限劳动合同的；（2）与本单位订立无固定期限劳动合同的；（3）家庭无其他就业人员，有需要扶养的老人或者未成年人的。

在德国的解雇保护制度中，雇主的解雇行为除了在积极方面要求满足具有正当事由的标准之外，还要求在消极方面满足社会正当性选择。德国的《解雇保护法》是给予构成雇员一般生存基础的劳动关系以存在保护，"如果解约不具备社会正当理由（违反社会性），那么这一解约就是无效的"[①]。"社会正当性"选择使雇主在选择解雇对象之时，受到了一定程度社会性因素考量的约束。但是到底哪些裁减对象的哪些社会性应当被列入考量呢？德国的《解雇保护法》中并未明示。依据学界通说，社会性选择一般分为两个阶段：第一个阶段为确定评估对象的审核范围。可否列入同一审核范围应考虑横向（同一职业）、纵向（职位高低）、最后区域（同一企业而非整个企业或关联企业）等内容之后加以确定；第二个阶段主要是考虑哪些劳工的社会性因素可以被列入考量，一般依据个案而定。"归纳德国判例，大致有三大标准：年资、年龄以及劳动本身的家庭抚养义务，然而当中哪项标准该优先考虑，却无定论。除了前述的可能性外，该劳工的所得、婚姻、财产、财务等是否亦应予以衡量，则依具体事实认定。"[②] 在瑞典1982年的《就业保护法》中，因工作短缺原因的雇佣终止，雇

---

① ［德］W. 杜茨. 劳动法. 张国文译. 北京：法律出版社，2005. 127

② 郭玲惠. 解雇合法性及其关联企业之态样. 见：台湾劳动法学会劳动法裁判选辑（一）. 台北：元照出版社，1998. 73

主优先留用的顺序是在单独的各个经营单位中来确定的。优先留用的确定标准为每一雇员受雇的总时间，受雇时间长的雇员优先于受雇时间短的雇员，若受雇时间相同，年长的优先。为了应对优先留用的复杂性，瑞典法律中还规定雇员不超过 10 人的雇主最多可以选定两名“对未来生产经营活动特别重要的”雇员免于适用优先留用规则。①

我国经济性裁员所设定的三类优先留用人员由法律明确规定，省去了具体判决中进行判断的烦琐，但这种安排仍有不少疑问。首先，应当在何种范围内进行裁减人员的选择？在划定裁减人员范围时是否要具体考虑职务、职业、具体部门的比较？还是没有这些考量，在裁员企业内部直接比较？其次，在判断社会性因素的标准上，《劳动合同法》第 41 条第 2 款中的优先留用人员顺序是“订有较长期限的固定期限合同者”“订有无固定期限合同者”“有家庭扶养义务者”，这样的判断标准是否能够实现社会性选择的目的？社会性选择存在的意义在于，当大量裁员出现时，对裁减范围的劳动者进行综合性的社会因素考量，从而选择裁减打击力度最小的员工，以便缓解解雇对社会秩序的冲击力。因此，“社会正当性理由”应当是一个综合因素的判断并且随着个案而不同。对雇主因经济原因而实施的解雇，日本在司法判例中发展出来了“整理解雇的四要件”，其中在第三个要件借鉴了德国社会正当性选择的内容，要求“整理解雇的对象须符合公平合理原则”。但在选择对象的具体因素判断上，日本也没有统一标准，均是在利益衡量之后做个别具体判断。我国以合同期限这一个因素作为优先判断的标准忽视了诸如劳动者工作年限、年龄、教育状况、婚姻状况等诸多基本因素，似有失公允。我国也有学者认为，“确定被裁减人员的名单应当考虑到企业发展对某些员工的必需程度、被裁人员再就业的难易程度和家庭负担，不应按照合同期限、工作年限来划分哪些是被裁人员”②。即使采用合同期限作为判断标准之一，似乎

① 叶静漪，Ronnie Eklund. 瑞典劳动法导读. 北京：北京大学出版社，2008. 146

② 郑爱青. 完善我国劳动合同解除制度的思考和建议. 法学杂志，2007（3）

也应当如瑞典的做法一般考虑受雇的总时间而非目前劳动合同的存续时间。

第四节 我国解雇法定事由说的反思

在解雇权限制的问题上，我国与西方国家走的是完全不同的路径。在我国过去长期的计划经济体制下，由于实施“固定工”的用工模式，劳动者一旦进入用人单位，就只“进”不“出”，不存在被解雇或者辞退的问题。由于国家对于劳动力和生产资料的长期垄断，实际上国家已成为唯一的用人单位，劳动者与国家之间形成了一种高强度的人身依附关系。在这种极其僵化的用工模式下，没有解雇概念的存在，自然也就没有解雇权与解雇权限制的存在。当劳动合同制的推行使劳动力的使用由计划配置走向市场配置，劳动合同成为劳动关系的主要表现形式，劳动关系的法律调整方式也开始由纯粹的公法调整逐步过渡到公私法的交融。由于对契约自由与解雇的认知几乎是同一时间产生的，在旧有用工模式和社会习惯认识的影响下，解雇从来都不是一个深入人心的概念。在中国，解雇权在劳动契约法中地位的提升是伴随着用人单位不断被“放权”的过程而实现的，其运行的轨迹基本上是一个“公法私法化”的过程。而受契约自由精神浸淫的西方，对于解雇权的限制的理解根源自劳动关系属性中不平等的隶属关系。基于矫正失衡的平等关系，保护劳动者作为人的生存利益，才需要对解雇这种意思表示施加法律约束。这是一条典型的“私法公法化”的路径。

这种背景映射到解雇权的运行层面，在解雇理由上，西方国家普遍是在解雇自由的基础上通过要求解雇事由具有正当性来对解雇权施加限制，而我国却是通过解雇事由的列举只允许解雇权在法定限制的范围内行使，呈现出严格的限制性。应当说，列举式的法定事由虽然具有确定、规范的功能，但是在应对纷繁复杂的解雇成因方面还是难免会有疏漏，“从基本权利的角度加以观察，解雇既为雇主企业经营自由的一部分，则对雇主所得主张的解雇事由，事先予以列举、一概排除其他解雇事由存在之可能性，是否足以掌握与因应现在复杂的经济/劳动生活的现象……实在不无疑问”①。在我国台湾地区就曾经发生过受雇于客运公司的一个售票员委托同事代班、领取公司工资从而导致解雇的案例。此案若适用《劳动合同法》的解雇事由，除非用人单位之前已经将此行为纳入规章制度予以明定严重违规，否则根本没有解雇之可能。对于此类违反劳动合同劳务给付专属性的行为，如果因为规章制度未加明示不能解雇，未免过于滑稽。因此我国台湾学者也认为，“终止事由众多复杂，简化成数项规定，易导致疏漏，亦忽略社会性因素之评估。以列举方式，详细规范法律上所允许之终止事由，固然能避免雇主终止权滥用，然而终止事由是否可以完备地规范，持相当怀疑之态度”②。由于无法穷尽所有合理化的解雇事由，法定事由在列举的时候不得不在具体事由上更多地使用不确定的法律概念以适应现实生活的灵活变化。因此，在我国《劳动合同法》中的解雇事由中，“严重违反”“严重失职”“重大损害”“严重影响”“重大变化”“严重困难”等内容不断在解雇事由的条文中出现。而在西方，普遍采用的概况立法的正当事由模式则首先在立法中使用原则性的概况，确立“解雇应具有正当性理由”，然后或通过禁止性规定紧缩理由范围，或通过例示性规定引导雇主解雇。原则性的立法规定可以使雇主结合自己企业的具体情况灵活运用解雇权，而在解雇事由的控制方面，对个案进行自由裁量的司法裁判扮演了从严控制的角色。最后手段原则、社会正当性选择原则，这些对解雇事由有效性与否的认定标准，本质上都是在司法判决中得到落实的。与概况立法的正当事由模式比较，由于我国的法定事由说在立法上从严限制解雇事由，执法与司法环节对于解雇合法性的认定影响甚微。

应当说，我国选择法定事由说作为解雇事由的指导性原则具有历

---

① 林更盛．劳动法案例研究（一）．台北：翰芦图书有限责任公司，2002．252

② 郭玲惠．终止劳动契约——兼论德国之制度．中兴法学，1994，5（37）．34

史的渊源，也具有现实的合理性。列举式的立法提供给了劳动者以及用人单位得以遵循的标准，不仅具有可以防范雇主滥用解雇权并且具有普及教育的功能，深具正面意义。就我国目前司法判决能够对法律实施产生的影响而言，完全采用概况式的正当事由说以赋予司法或者执法部门过高的自由裁量权也有超越现实之嫌。因此，我国解雇事由的变革之路应当是将概括式与列举式结合使用，以形成立法、执法与司法之间的衔接。在解雇事由的立法中，应当明确解雇劳动者的基本法律依据是“正当事由”。这里可以借鉴国际劳工组织 1982 年第 158 号公约中的表述：“非因劳工本身工作能力、行为或者基于事业经营需要之正当理由，不得解雇劳工。”① 在原则性规定的基础上，可沿用现行立法的模式，分别列示过错性解雇、无过错解雇以及经济性裁员的各自解雇事由以指引解雇的实施，但应相对松动解雇保护的力度以配合“正当事由说”的确立。例如，在将最后手段原则应用于解雇事由时，只要用人单位在力所能及范围内尽到了努力回避义务即可，不必苛求严格的实体性要件的满足。对于不确定法律概念的解释权，应通过司法解释等释法内容留给司法裁判，真正地达到“解释的问题与生活事实的评价互相渗入对方，从而在依不确定的法律概念所作的裁判内，事实问题与法律问题便在这个限度内合二为一”②。

---

① 国际劳工组织网站. http://webfusion.ilo.org/public/db/standards/normes/appl/appl-displayConv.cfm? conv=C158&hdroff=1&lang=EN，2010-01-12

② 黄茂荣. 法学方法与现代民法（第五版）. 北京：法律出版社，2007. 304

第五章
解雇权限制之解雇程序

法律程序，是指“人们进行法律行为所必须遵循或履行的法定的时间与空间上的步骤和形式，是实现实体权利和义务的合法方式和必要条件”[①]。作为保障公正结果的工具与形式，法律程序越来越多地被认为具有独立的自身价值。法律程序的主要功能之一在于抑制恣意行为，法律程序“具有抑制行为随意性的特点，也就是说，通过程序的时间和空间要素来克服和防止行为的人格化”[②]。现代化的法律程序，通过对程序本身的正当性和合理性设置，强化对恣意的限制和对权力（利）滥用的防范，实现程序正义的价值功能。从实践的角度来看，“法律程序提供了主体权衡利弊得失的行为准则，法律程序打开了主体预知未来的透明视界”[③]。

在解雇权行使的过程中，由于存在劳动者与用人单位之间利益的对立和冲突，因此其符合现代程序关于对立面设置的基本结构要求。程序的主要目的是形成决定，用人单位所做出的一个有效的解雇决定，如果缺乏相对合理化法律程序的过滤，将丧失权利行使的正当性。“现代程序是一种为了限制恣意，通过角色分派与交涉而进行的，

① 张文显．法理学．北京：高等教育出版社，1999．336

② 孙笑侠．法理学．北京：中国政法大学出版社，1996．150

③ 谢晖．论法律程序的实践价值（上）．北京行政学院学报，2005（1）

具有高度职业自治的理性选择的活动过程。"[①] 解雇程序的存在，就是要通过对解雇权行使过程中相关当事人角色的分配，使各个主体既参与其间，又互相牵制，压缩恣意的空间，使最后用人单位的解雇决定成为一个有序的、合理化的选择结果。程序作为法律行为的一种形式或者步骤，具有客观性和公平性。"正当程序是权利实现的手段。正当程序是权利义务实现的合法方式或必要条件；正当程序能促使权利被实际享受，义务得到切实履行。"[②] 对于用人单位解雇过程的程序限制，一方面是为了保障劳动者消极面的就业权与工作安定不致受到侵害，另一方面也可以保障用人单位得以在合乎法律规范的基础上正确地行使劳动合同的解除权。就世界各国法律以及国际劳动基准的内容来看，解雇保护的程序规范主要涉及五个方面，即"解雇理由之明示""预告期限之设计""辩明机会之保障""事前之劳资协商""向主管机构报备"。[③] 当然，从国际解雇程序比较的内容可知（见本书第二章表 1），并非所有的国家都要求解雇程序完全具备以上五个方面的程序要求。但以程序设计来制约解雇权之行使，为劳动立法普遍采取的模式。没有采取正当解雇程序而实施的解雇，一般都被认为是不公正的解雇。

第一节　解雇程序中的产业民主

一、产业民主在解雇程序中的三种形式

劳动者对于雇主决策的参与，称为产业民主（industry democracy），即以民主程序决定劳动者参与雇主经营的范围与层次。"产业民主"一词最早产生于英国学者韦伯夫妇（Sidney Webb& Betrice Webb）

① 孙笑侠，应永宏．程序与法律形式化——兼论现代法律程序的特征与要素．现代法学，2002（1）

② 张文显．法理学．北京：高等教育出版社，1999．341

③ 李玉春．解雇保护程序规范之研究．台湾劳动学会学报，2004（3）．163～167

1894年出版的《产业民主》一书，按照其最初的设计，产业民主代表着从产业基层民主到宏观政治民主在内的完整制度规划。“工业民主为一种增进劳工参与管理决策之各项政策或者措施之总称，劳工参与乃指劳工以劳工之地位而直接或者间接地行使企业经营权之职权而言。”① 从劳动者参与的事项来看，产业民主涵盖的主要内容有社会事项、人事事项和经济事项。其中人事事项是指劳动者参与企业内人事问题的决定，包括员工的雇佣、调派、奖惩、迁调及解雇。

就解雇程序中劳动者参与的深度来看，产业民主一般表现为三种形式。一是事先告知，雇主向被解雇员工或者员工代表（机构）事先通报解雇情况；二是劳资协商，雇主通过与劳动者的代表机构（工会或者员工委员会）进行协商，以听取其对于解雇的意见；三是共同决定，劳动者的代表机构在雇主做出解雇之后得以享有是否解雇劳动者的同意权。在以上三种类型中，劳动者对于雇主解雇权行使的介入程度是逐步加深的。

解雇事前告知表现为雇主向被解雇劳动者个人的事前告知和向劳动者的代表机构进行事前告知两种情形。(1) 向劳动者个人的解雇告知。向劳动者明示解雇理由并给予被解雇者辩解的机会是国际通行的解雇步骤。由于事先的解雇告知可以使劳动者有充分时间来为自己辩解，对于平衡解雇中的利益冲突至关重要。解雇的事前告知表现出的是对劳动者的一种基本尊重。在世界范围内来看，对雇主的解雇权施加提前告知的程序限制已经成为一个重要趋势。在法国劳动法的个人原因解雇中，雇主首先必须以书面通知的形式告知被解雇者面谈，在书面通知中必须记载解雇事由。在面谈过程中，雇主应当说明解雇理由并听取员工为自己所做的解释和辩护，员工代表可以陪同员工进行面谈。在面谈之后，雇主才能发送解雇通知。解雇通知中必须写明解雇理由，若欠缺解雇事由的具体说明，解雇会因程序之瑕疵而无

① 卫民. 劳资关系——问题与政策. 环球经济社，1990. 96

效。[①] 在英国，根据最新《2002 年英国雇佣法令》中的训诫解雇程序（disciplinary and dismissal procedure），雇主的解雇需要经过三个步骤，即通知劳工会谈，及时在合理的时间和地点与劳工进行会谈并各自阐述理由，告知员工对解雇决定有起诉的权利。不遵守训诫解雇程序的解雇将被法律视为“自动不公平解雇”，雇主将因此承担增加50％的赔偿额度。[②] 国际劳工组织 158 号公约中的第 7 条也规定，雇主于解雇劳动者前应提供劳动者申辩其行为或者表现的机会，否则雇佣不应被终止。[③] 我国《劳动合同法》在解雇内容中，并未明确用人单位有听取劳动者个人辩解的义务。预告解雇虽然有 30 天的预告期，但除非有客观原因的变化，30 天之后解雇的发生将不可避免，劳动者面对的依然是确定无疑的解雇而没有申辩机会。在即时解雇中，劳动者收到解雇通知即发生解雇效力，用人单位更是未有任何形式的提前告知义务。应当说，从信息沟通以及缓解对抗性解雇心理的角度而言，我国应在劳动立法的个别解雇环节明确用人单位应提前告知劳动者解雇事由并有义务给予被解雇劳动者辩明理由的机会。(2) 向劳动者代表机构的事前告知。向劳动者代表机构工会的告知并不是大多数国家都采取的一种产业民主形式（见本书第二章表 1）。这种事前告知存在的主要意义在于使工会组织对于恶意的解雇有足够时间做出应对以保护劳动者利益。我国《劳动合同法》第 43 条明确规定用人单位在实施解雇之前有向工会组织通知的义务。“用人单位单方解除劳动合同，应当事先将理由通知工会。用人单位违反法律、行政法规规定或者劳动合同约定的，工会有权要求用人单位纠正。用人单位应当研究工会的意见，并将处理结果书面通知工会”。

劳资协商为解雇程序限制中的重要一环。劳资协商在劳动关系的

---

① 郑爱青．法国劳动合同立法的启示．法学杂志，2002（5）

② David Christie．Welcome to The Jungle：Statutory Dispute Resolution in The Workplace．Scots Law Times，vol. 32，2004，p199～203

③ 国际劳工组织网站，http://webfusion.ilo.org/public/db/standards/normes/appl/appl-displayConv.cfm?conv=C158&hdroff=1&lang=EN，2010-01-12

调整机制中的基础性功用在于通过集体谈判形成集体契约来确定劳资双方的利益性争议。除了基于对立统一原理运行的对抗性集体谈判机制之外，基于合作原则运行的现代非对抗性协商机制在 20 世纪 80 年代之后也开始并行发展。[①] 非对抗性协商的作用在于通过劳动者参与程序机制与雇主之间产生“互动”，以排除雇主就劳动者切身利益之事项的单方面决定。这种劳资自治的实现是在程序机制内完成的，它要求劳动者的代表参与雇主的决策行为，这其中就包括解雇程序中的劳动者参与。虽然并非所有国家和地区均要求解雇之前要经过劳资协商程序，[②] 但劳资协商本身赋予劳动者代表或者工会对解雇过程的参与机会的确可以起到防范雇主恶意解雇劳动者的作用。我国在解雇程序中的劳资协商只存在于经济性裁员制度。我国《劳动合同法》第 41 条要求经济性裁员的实施必须经过劳资协商程序，即“提前 30 日向工会或者全体职工说明情况，听取工会或者职工的意见”。我国立法之所以在经济性裁员制度中要求经过劳资协商程序，主要是考虑大量裁员对地区社会稳定的杀伤力，寄希望劳资协商的前置程序可以最大限度弱化它的破坏效果。一般认为，经济性裁员实施之前的劳资协商程序“赋予工会在此问题上的事先审查、审议权”[③]。但是这种所谓的监督性质的审查权实际上依然只是协商性的权利，在双方沟通的基础上，解雇的最终决策权依然由用人单位所保有。

共同决定是劳动者参与度最高的产业民主形式，以德国最为典型。通过 1952 年的《企业组织法》、1972 年的《共同决定法》，德国形成了较为完备的共同决定制度。依据《企业组织法》，企业员工规模在 5 人以上的应当成立代表员工的组织机构“员工委员会”，负责就员工的招募、调职和解雇行使同意权。在雇主实施解雇的过程中，

---

① 林燕绥．新劳动法概论（第二版）．北京：清华大学出版社，2008．148

② 对于个别性解雇，只有部分国家如英国、瑞典等国要求必须经过劳资协商；对于集体性解雇，则大多数国家均要求必须经过劳资协商程序。

③ 常凯．劳动合同立法理论难点解析．北京：中国劳动社会保障出版社，2008．165

《企业组织法》要求雇主向员工委员会履行报告义务，并由员工委员会组织听证程序。在听证程序中，员工委员会主要检视劳动合同的终止理由是否符合社会正当性的要求并提出质疑。如果雇主不经过听证程序而做出解雇，将会导致解雇的无效，并且之后再进行的听证也无法治愈这种无效。① 员工委员会对雇主的解雇决定可以提出裁决的异议意见，这种异议应当在正常解雇一周内、非常解雇三天内做出书面意见。虽然这种意见本身不具有法律拘束力，但如果雇主不顾企业委员会的异议裁决，执意终止契约的话，劳方在诉讼进行中，可以依据异议裁决，请求裁定或者判决确定之前，不变更劳动条件继续雇佣。也就是说，在此种情况下，雇主的解雇处于法律效力未定的状态。在德国法中，严格的解雇听证程序实际上意味着由劳动者参与的员工委员会可以对雇主的解雇决定行使事后的同意权，使解雇保护具有集体属性。与劳资协商程序的不同之处在于，共同决定制中劳动者的参与对解雇施加了更具决定性的影响。共同决定制虽然将劳动者对于解雇程序的参与放大到极致，体现了经济民主和公共控制的独有理念，但是这种劳动者的深度参与模式也一直饱受非议，被认为过度地干预了雇主的自主用工权。需要说明的是，德国的共同决定制是一个完备的体系，建立在一系列制度保障之上。从形成因素来看，其根植于日耳曼独有的政治文化结构，是长期以来德国工人运动发展以及工会强大作用合力所形成的。德国学者也认为劳资之间的社会伙伴关系并非简单地通过法律法案确立共同决定制就可实现，而是需要工会强大的集体谈判力作为保障。② 由于并不具有产生共同决定制的政治文化传统、企业组织结构以及相关制度性资源，我国的解雇程序立法中并没有共同决定制的存在。

---

① Achim Seifert & Elke Funken-Hötzel. Wrongful Dismissals in The Federal Republic of Germany. Comparative Labor Law and Policy Journal，vol. 25，2004，p492

② Boy Luthje. 德国的劳资共决与集体谈判制度——一个备受压力的模式. 见：叶静漪，周长征. 社会正义的十年探索——中国与国外劳动法制改革比较研究. 北京：北京大学出版社，2007. 398

二、解雇程序中的工会

从制度设计上看，我国解雇程序中的产业民主是围绕工会为中心构造而成的。个别解雇中的通知工会程序、经济性裁员中的通知与协商程序，主要在于发挥工会维护劳动者利益的基本职能。2001 年修改的《工会法》第 6 条明确规定，“维护职工合法权益是工会的基本职责。工会在维护全国人民总体利益的同时，代表和维护职工的合法权益。工会通过平等协商和集体合同制度，协调劳动关系，维护企业职工劳动权益”。因此，产业民主在解雇中的实施效果，很大程度上取决于工会与用人单位的博弈能力。

在法律性质上，我国的《工会法》赋予了工会社会团体法人资质。[①] 但由于我国的工会还没有完全摆脱对政府机构和企业的附属，在组织上仍然缺乏独立性。“目前中国工会组织作为社会团体的独立性，长期以来被政治性、行政性因素所抑制”，应“在工会组织的资金来源、组织建设以及职能定位等方面去除政治性和行政性色彩，还原其独立社团属性”。[②] 在独立性缺失的情况下，基层工会在介入处理解雇尤其是劳动者个别解雇时，制约解雇权滥用的作用有限。由于设于用人单位内部，基层工会对于解雇程序的介入仅仅是走过场，成为形式化的样板。因此，提升工会作为社会团体的独立性地位，不仅关乎工会的身份定位，亦关乎其能否担负起劳资协商、劳资自治的重任。

由于工会在解雇产业民主中的核心地位，依法设立的基层工会就成为整个民主程序得以顺利进行的基础。然而，现实中我国基层工会的组建率并不十分理想，尤其是私营企业和外资企业。2008 年年初的数据显示，外商投资企业建会 6.5 万家，建会率为 83%，台港澳

---

① 依据《工会法》第 14 条，“中华全国总工会、地方总工会、产业工会具有社会团体法人资格。基层工会组织具备民法通则规定的法人条件的，依法取得社会团体法人资格”。

② 蔡金荣. 走向独立社团——中国工会发展之进路选择. 行政法学研究，2009 (3)

投资企业建会 4.7 万家，建会率为 61.1%。私营企业建会 13.8 万个，建会率为 69.6%。[①] 由于超过三成以上的私营企业中没有工会组织，这些企业的解雇过程甚至不受到来自工会任何形式意义上的约束。

从法律适用的角度来看，由于《劳动合同法》第 41 条将工会的协商设计成为集体性裁员的前置性程序，因此违反协商程序的大量裁员构成违法解雇，用人单位应承担违法解雇的法律责任。但是，在个别劳动者的解雇过程中，由于用人单位仅需履行通知工会的义务而非协商义务，因此就产生了未经过通知工会程序的解雇是否具有法律效力的问题。由于《劳动法》《劳动合同法》以及《工会法》对此问题均没有清楚说明，直接导致了现实中司法裁决的尺度不一，产生了“解雇有效”“解雇无效”和“补正有效”三种意见。有的裁决意见认为未通知工会的解雇依然产生有效解雇的效力；有的则认为未通知工会的解雇由于程序违法，将导致解雇无效；有的裁决意见则认为未经通知工会的解雇仅仅是程序性瑕疵，可以事后补正。在实务操作中，各地方也曾对未经过通知工会程序的解雇做出过法律性的解释，但内容大相径庭。[②] 在理论研究中，劳动法学界的学者多支持“解雇无效”的认识。“不经过这样的程序无论是单个劳动合同的解除还是集体性裁员都是无效的”[③]；“未经该程序的，应产生对用人单位解除劳动合同或裁减人员的决定的阻却力，其决定应属无效，同时用人单位应当为其违反法律规定的行为承担相应的责任”[④]。由于《劳动合同

---

① 常璐，王飞，宋常青．七成以上外商投资企业建立工会组织，http://news.xinhuanet.com/misc/2008-03/14/content_7790235.htm，2010-01-28

② 例如：上海市劳动和社会保障局关于实施《上海市劳动合同条例》若干问题的通知（二）（沪劳保关发［2004］4 号）中规定了未通知工会的解雇可以补正程序；而江苏省高级人民法院、江苏省劳动争议仲裁委员会（苏高法审委［2009］47 号）则规定，用人单位未履行通知工会程序义务的是违法解雇，劳动者可以请求用人单位继续履行劳动合同或者支付赔偿金。

③ 常凯．劳动合同立法理论难点解析．北京：中国劳动社会保障出版社，2008．186

④ 姜颖．论工会在劳动合同制度中的作用．中国劳动关系学院学报，2006（3）

法》对于通知工会程序的明确设定，“解雇有效说”明显缺乏足够的现实法支撑。“解雇无效”与“补正有效”则是两个完全不同的解决思路，前者由于解雇违法将使劳动者可以选择维持劳动关系或者进行双倍经济补偿金的赔付，而后者用人单位可以通过重新通知工会进行协商来治愈解雇的程序瑕疵，从而使解雇完全具有法律效力。

对于用人单位未通知工会的解雇效力如何认定，实际涉及一个对解雇通知程序的认识问题。在本不平衡的劳动关系中，解雇中的通知工会程序本意在于为可能的非法解雇提供一种功能上的预防，正当程序的主要功能之一也正在于通过一定的步骤和形式形成一个可变又可控的行为结构。但是，我国基层工会组织现实的存在状况更多的只能使这种通知程序沦落为一个法律的表象。因此，在我国，解雇事前通知工会的法律意义实际上仅剩下形式上对恣意的限制。“补正有效说”正是从实践操作层面对解雇程序的一种现实回应。对于缺乏基层工会组织设置的用人单位而言，如果未履行通知工会程序即认定解雇无效，实际上等同于宣布剥夺了这些用人单位的解雇权利。由于通知工会程序并不能产生对解雇效力实际的阻却力，事前通知与事后补正在现实中的效果大体相当。因此，从实现实体正义的角度出发，“补正有效”也具有清晰的逻辑。

然而，通知工会程序虽然在实践中效果甚微，但依然形成了对用人单位解雇权行使上的一种限制，若允许用人单位可以通过补正方式来治愈程序性瑕疵，解雇程序仅存的限权意义也将丧失，产业民主也将彻底成为摆设。“程序中的功能自治性是限制恣意的基本制度原理。”① 法律程序要发挥对权利滥用的限制作用，就必须创立一个与外界环境相对独立隔绝的空间状态，在这个相对的“隔音空间”里来实现程序自治。在这个空间中，程序的运行过程也正是程序的功能自治的自我实现过程。法律程序独立性价值的体现也正在于通过这种不间断的功能自治来过滤法律行为。可见，“补正有效”在现实中的适

① 季卫东．法治秩序的建构．北京：中国政法大学出版社，1999．16

用实际上将会使解雇程序让位于解雇事由，弱化对于解雇行为的制约效果。“将公正的程序置于中心地位，并不能消除所有的不正义。但是，这可以平衡对实体权利的不适当的强调，有助于使那些权利更有保障，并能使更多的人获得他们应有之尊重。”① 因此，虽然“解雇无效”可能会带来实体性正义的减损，但其所秉承的程序价值理念值得肯定。对于解雇过程中用人单位工会缺位的问题，应通过下位法或者司法解释赋予上一级工会履行解雇协商权来化解，同时应明确界定不履行通知工会程序的解雇为违法解雇，支持劳动者恢复劳动关系或者支付赔偿金的要求。在未来的法律修订中，还应考虑《劳动合同法》与《工会法》的衔接，形成工会的机构设置与功能发挥之间的匹配。

第二节　解雇预告期问题

解雇预告期是用人单位通知解雇至解雇正式生效之间的时间。解雇预告期的设计是对劳动者施加解雇程序保护的重要一环。解雇预告期限的存在可以适度减轻劳动者由于失业所带来的心理负担，使其有充分的时间寻求新的职位。解雇预告期“一方面可以使失业者在失业前一段时间内能够有时间在市场上寻找工作，减少摩擦失业的时间，使被解雇者最大限度地减少因失业而造成的收入损失；另一方面可以使失业者有时间调整家庭收支计划来应对失业”②。

我国的解雇预告期存在于无过错解雇之中。③ 在《劳动合同法》

---

① ［美］迈克尔·贝勒斯．程序正义．邓海平译．北京：高等教育出版社，2005．187

② 曹信邦．建立我国解雇预告制度的研究．经济问题，2003（9）

③ 我国经济性裁员制度中也有关于通知期限的规定，依据《劳动合同法》第41条之规定：经济性裁员“用人单位提前30日向工会或者全体职工说明情况，听取工会或者职工的意见后，裁减人员方案经向劳动行政部门报告，可以裁减人员”。对于此条款规定的30日通知期，由于其针对解雇的相对人还并不确定，主要规范目的在于启动工会协商程序以及报备劳动行政部门以便应对大量裁员，因此从性质上看应为“法定的通知期间”，而非预告期。此时用人单位的提前通知应理解为一个事实行为。

第40条无过错解雇中，“用人单位提前30日以书面形式通知劳动者本人或者额外支付劳动者一个月工资后，可以解除劳动合同”。我国将过错性解雇排除于解雇预告期与国际通行的做法以及国际劳工组织公约的规定是一致的。依照国际劳工组织1982年158号《雇佣终止公约》第11条，“一名劳动者被终止雇佣，其有权得到合理的通知期或者替代通知期的补偿，除非他具有严重的不当行为，即这种行为的性质要求雇主在通知期内继续雇佣他工作是不合理的。”① 在我国的劳动法律中，用人单位的解雇预告期与劳动者的辞职预告期均为30天，但由于劳动者的辞职预告期基本不受任何实质性的约束，与用人单位的解雇预告期还要满足解雇事由的实体性要件多有不同，这种体系设置上的不平衡也是社会法倾斜保护的原则使然。

预告期的存在使解雇在预告期届满时才发生效力，预告期内的劳动关系与正常劳动合同下无异，用人单位与劳动者各自负担劳动合同下各自的义务。当然，如果在预告期间发生了满足过错性解雇的事由，用人单位可以依此而实施即时解雇，不必等到预告期届满；若预告期内发生了禁止性解雇的情形（如女性劳动者怀孕等），由于劳动关系此时依然存续，预告期也应依法续延至相应的情形消失。

在解雇预告期限的确定上，我国采用了30天固定期限的做法，没有进一步区分具体的解雇情形。国际上较为常见的预告期限的确定方法是与工作年限相联系，工作年限越长，预告期的时间越长。德国、英国、法国、瑞士、瑞典、澳大利亚、荷兰等国均采用此种模式，此方法实际上是以被解雇者对雇主的贡献度作为衡量标准。例如瑞典《就业保护法中》就将终止雇佣的预告期划分为2个月、3个月、4个月、5个月、6个月五个档次，按照劳动者受雇于雇主的时间（两年至10年以上的跨度）分别加以适用。② 法国《劳动法典》

---

① 国际劳工组织网站，http://webfusion.ilo.org/public/db/standards/normes/appl/appl-displayConv.cfm?conv=C158&hdroff=1&lang=EN，2010-01-12

② Ronnie Eklund，叶静漪．瑞典劳动法导读．北京：北京大学出版社，2008．142

第 L122-6 条规定，雇员在由于严重过错之外的原因被解雇时，依据雇员连续服务的工龄，分别享受 2 个月以下不等的预告期。[1] 也有一些英美法系国家（如加拿大）的普通法中预告期限的确定标准综合考虑了工作年限、劳动者年龄、工作职位和补偿情况等多重因素。预告期限的重要作用在于给予被解雇者以时间来应对失业所带来的生活状况变化。应当说，不同劳动者所面临的失业状况是不同的，简单化地统一设定一个固定时间似有不妥。因此，在工作年限的基础上使预告期的确定具有一定时间弹性应当是一个更为公平的选择。

我国《劳动合同法》修改了《劳动法》中解雇预告期提前 30 日书面通知的单一规定，取而代之的是“提前 30 日书面通知”与“额外支付劳动者一个月工资”可以选择适用。这是一个符合国际通行做法的改变，从比较法的角度来看，除了个别国家（例如奥地利和荷兰），世界多数国家的立法均允许在预告期期间以相应的劳动报酬（代通金）来替代解雇预告期。由于解雇在预告期届满之后才开始发生效力，因此在预告期届满之前，原有的劳动合同继续存续有效，预告期内用人单位依然负有支付工资的义务，而劳动者也负有给付劳务的义务。以预告期期间工资来代替预告期实际上免除了劳动者预告期的劳务给付义务，在没有损及劳动者经济利益的情况下使劳动者可以集中精力应对生活状况的变化，应是对劳动者较为有利的一种替代，用人单位也可以获得一种相对灵活的解雇程序机制。当然，从文义解释的角度来看，《劳动合同法》中预告期与代通金之间转换的选择权仍在用人单位手中，用人单位仍然可以利用 30 天的预告期间要求劳动者完成手头的剩余工作并进行工作手续的交接。对于 30 天的预告期已经经过一段时间之后用人单位转换支付代通金的，从利益平衡的角度考虑，应从代通金中扣除已经经过时间的预告期工资。对于额外支付的 1 个月工资的确定，《劳动合同法实施条例》第 20 条规定，“选择额外支付劳动者 1 个月工资解除劳动合同的，其额外支付的工

① 法国劳动法典．罗结珍译．北京：国际文化出版公司，1996．28

资应当按照该劳动者上 1 个月的工资标准确定。”但是很明显的是，仅以“上个月工资”标准来认定代通金额度，在现实中会出现畸高或者畸低，容易显失公正。因此，对“上个月工资”标准在实际操作中宜认定为劳动者的正常工资标准，如果上个月工资不能反映正常工资水平，应按照解雇之前劳动者 12 个月的平均工资确定。

在解雇程序之中设置预告期，其法律意义在于限定解雇通知并不立即发生效力，得以使被解雇劳动者有时间调适自身以应对就业变化。从《劳动合同法》第 40 条无过错解雇中的预告期规定来看，预告期的有效适用建立在解雇事由合法的基础之上，如若不符合法定事由，解雇自然无效，预告期的存在此时并无任何意义。因此，解雇预告期只是针对解雇权的合法行使产生了一种延后的法律效果。但问题是，如果用人单位在满足解雇事由的条件下违反解雇预告期的规定径行实施解雇，是否产生即时解雇的法律效力？被解雇者能否以解雇的程序性瑕疵构成违法解雇为由要求用人单位继续履行合同或者支付赔偿金？这种疑惑在立法中并未得到解决。就劳动者的利益衡量而言，未经过预告期的解雇使被解雇的劳动者丧失的是重新就业的缓冲时间，即再次寻找工作的机会，此利益额度实际已被立法划定为“额外的 1 个月工资”。“预告解雇期间，劳方所当保证之利益，以工资之继续给付或得以之取代者（如于谋职假时工资照付）为限。”[①] 若许可被解雇劳动者因未经预告解雇而获得过多的利益，与预告期设置之初衷相悖。就用人单位的利益衡量而言，对符合医疗期届满、不能胜任工作等条件员工的解雇是其调整单位内部用人结构的正当经营行为，若因预告期瑕疵而致劳动关系继续维系或者支付赔偿金，实为其不能承受之重。因此，对于被解雇劳动者的利益补偿应当以支付 1 个月工资为限较为妥当，不宜认定预告期程序瑕疵为违法解雇。在实践中，

---

① 林更盛．“劳动基准法”第十六条第三项之研究．中原财经法学，1985（2）．7

一些地方的实务部门也是采取这种思路来操作的。[①]

第三节　经济性裁员的程序反思——一个海峡两岸的比较视角

经济性裁员为解雇保护制度的一种特殊性规范。由于负担着一定劳动市场政策的功能，因此其裁员程序较之一般的解雇程序有很大的不同。我国台湾地区在“劳动基准法”的基础上，于2004年专门制定了“大量解雇劳工保护法”，对雇主大量解雇劳工的行为进行非常细致的规范，该法于2008年进行了部分修正。台湾的“大量解雇劳工保护”，对应于个别劳工解雇保护的概念，是指为避免雇主大量解雇劳工致劳工权益有损害或者有损害之虞，而对雇主的解雇权进行限制的制度。从构词法上来看，“经济性裁员”强调的是解雇的理由，即解雇的发生是雇主的经营问题而致；而“大量解雇劳工”则更强调雇主裁员的人数要达到一定标准，两者并非完全处于同一平面视角。然而，经济性裁员作为解雇的范畴之一，其“裁员”之表述意味着其与个别解雇的区别，即大量解雇劳工。而台湾地区“大量解雇”之用语，从解雇事由来看，主要也是由雇主的经营问题引致的，基本包含了经济性裁员的解雇事由。[②] 因此，虽然两者侧重点似有差异，但所

---

① 江苏省高级人民法院、江苏省劳动争议仲裁委员会（苏高法审委〔2009〕47号）第17条规定：用人单位解除劳动合同本身符合法律规定，仅存在未提前30日书面通知劳动者的程序性瑕疵，劳动者以用人单位违法解除劳动合同为由请求用人单位继续履行劳动合同或支付赔偿金的，不予支持。上海市高级人民法院《关于适用劳动合同法若干问题的意见》（沪高法〔2009〕73号）第8条规定：用人单位在已经具备解除条件的情况下，只是存在未提前30天通知劳动者等程序瑕疵的，则用人单位应当通过支付相应的“代通金”等方式加以补正，但无须支付赔偿金。

② 依据台湾的“大量解雇劳工保护法”与“劳动基准法”，适用大量解雇的解雇事由，除了包括企业经营上之需要，即歇业、转让、合并、改组、亏损或者业务紧缩、业务性质重大变更等之外，还包括劳工人身或者行为上的事由，这与大陆将经济性裁员事由仅限定于用人单位的经济性原因有所差异，涵盖范围更大。

针对问题之内涵大致相同。将大陆的经济性裁员制度与台湾的大量解雇制度中的程序设计作为比较对象，可以检视大陆经济性裁员程序中的妥当与不当之处。

一、海峡两岸经济性裁员的通知与协商程序比较

就解雇的通知程序而言，大陆的经济性裁员要求用人单位在解雇事由满足的情况下提前30日向工会或者全体职工说明情况，听取工会或者职工意见后，裁减人员方案再向劳动行政部门报告，之后才能够实施裁员。台湾"大量解雇劳工保护法"规定，雇主应自解雇条件满足之日起60日将解雇计划书通知主管机关以及大量解雇劳工所属之工会、劳资会议的劳方代表、单位全体劳工并公告揭示。对于解雇计划书的内容，规定必须明示解雇理由、解雇部门、解雇人数、解雇对象选择等内容。除了通知期限的长短有差异外，台湾是将向行政部门的报告放在通知对象的首位，而大陆则放在资方与劳方磋商之后。从性质上看，台湾将60日的通知期间作为强制性的法定期间，如若违反将产生严格的公法责任，雇主会被处以10万以上50万新台币以下的罚款并限期要求雇主重新做出解雇计划书。而大陆的《劳动合同法》对此问题并没有做出特别规定。在解雇通知程序方面，台湾还设立了非常独特的预警报告制度。根据台湾"大量解雇劳工保护法"第11条之规定，对于雇主发生积欠工资、社会保险费等达到一定数额和一定期限，经营上发生重大的变化（部分停工、决议合并）等时，相应单位和人员应当向主管机关提前通报。主管机关据此有权对雇主单位进行查访，查阅财务报表和相关资料。由于大量解雇可能会涉及对社会秩序的冲击，设置预警通报制度会加强劳动行政部门对于大量解雇劳工信息的掌握和控制，以便及时提出应对之策，不失为事前预防的一种控制机制，大陆可兹借鉴。

解雇通知最重要的功能就是启动劳资之间的协商机制，可以说，劳资的协商机制是整个经济性裁员制度的核心内容。大陆法律要求用人单位在解雇之前应听取工会或者全体职工意见，由用人单位与劳方代表工会或者全体职工协商，这个协商程序是由用人单位与工会以及全体职工自主完成的。依据台湾“大量解雇劳工保护法”，雇主在提出解雇计划书之日起10日内，劳雇双方应进行协商。若劳雇双方拒绝协商或者无法达成协议时，主管机关应于10日内召集劳雇双方组成协商委员会，就解雇计划书内容进行协商，并适时提出替代方案。在人员组成上，协商委员会由主管机关指派一个代表与劳雇双方同等数量代表组成，共5～11人。[①] 可以说，台湾“大量解雇劳工保护法”中的协商机制实际上有两个阶段，一个是自由协商阶段，另一个是强制协商阶段。在自由协商阶段，台湾与大陆的规定无异，其本质都是希望通过当事人之间的意思自治来完成协商程序。但大陆立法在劳资自由协商程序无法启动或者双方对解雇发生根本分歧时暂付阙如，缺少保障解雇协商程序达到效果的机制。台湾规定中的强制协商程序是一个由行政主管机关介入发动的程序，其旨在将协商设置为“大量解雇程序的生效要件”[②]，如果没有经过协商程序将会导致大量解雇的无效[③]。协商委员会达成协议书，其效力及于个别劳工，并需要于协议做成起7日内送交法院审核。从性质上看，此协议书已经初步具有团体协约的效力，也有台湾学者认为由于缔约劳工的代表缺乏正当性，法院对协商委员会的审核似表明协约仅具有一般契约的效力。[④] 可见，协商委员会作为一个法定的调解机构推进了劳资双方的解雇协商，并将体现自治精神的劳资协商与体现公权力控制的司法审核结合起来，最大限度地减缓大规模裁员可能会带来的不利后果。反

① 在协商委员会的人员组成上，主管机构指派代表为协商委员会主席；劳方代表由工会推举，无工会而有劳资会议者，由劳资会议代表推举，前两机构均无则由涉及大量解雇部门的劳工推举；资方代表由雇主指派。若劳雇双方无法在10日内产生代表，主管机关在期限届满之日可以代为指定。

② 刘士豪．“大量解雇劳工保护法”中“解雇计划书通知与协商”制度之初探．律师杂志，2003（3）．61

③ 依台湾“大量解雇劳工保护法”第10条之规定，未经协商之前，雇主不得在预告期间将员工任意调职或者解雇。违反此条款，雇主将被处以新台币10万元以上50万元以下的罚款。

④ 郭玲惠．大量解雇劳工保护法制之初探．台湾劳动法学会学报，2004（3）．36

观大陆的《劳动合同法》，虽然在大量裁减人员之前，劳资双方的磋商也为必经程序，但在磋商过程中，用人单位仅有“听取意见”的义务，立法对于劳资双方自由协商无果甚至不启动协商程序的情形均没有要求用人单位来承担后续责任，也无强制性协商程序的启动以求达成协商一致。因此，较之台湾的规定，大陆的用人单位在大量裁员过程中受到的程序性约束较少。

由政府行政部门发动，政府、劳方、资方三者之间进行的强制性协商程序，实为解雇保护制度中对于“三方原则”之贯彻。国际劳工组织所确立的“三方原则”，是指“政府（通常以劳动部门为代表）、雇主和工人之间，就制定和实施经济与社会政策而进行的所有交往和活动，即由政府、雇主组织和工会通过一定的组织机构和运行机制共同处理所有涉及劳动关系的问题”①。“三方原则”的出发点是将雇主和工人都看做发展经济的重要力量，主张政府在协调劳动关系时，吸收劳资双方以平等的地位参与协商，通过雇主和工人的合作，促进经济与社会发展。由于大量解雇劳工涉及整个劳动市场劳动关系存续的保障，因此三方协商机制能够促使劳工参与解雇程序，将会在很大程度上缓解劳资间的冲突、化解大量解雇对社会秩序的冲击与影响。“‘劳资协商’是‘劳资自治’原则在经济性裁员领域的体现与延伸，它以工会的兴起及其所表现的强大社会影响力为基础和前提，雇主与工会或劳动者代表在劳动行政部门的主持下通过沟通与协商来共同处理裁员的各项事宜是‘劳资协商’机制的精髓与要义。”② 大陆立法中由于缺乏对经济性裁员制度中劳资协商机制的强调，劳资协商的强度与深度均无法形成对用人单位解雇权的足够制约。因此，在自由协商的基础上引入三方协商机制应当是完善大陆经济性裁员程序设置的

---

① 董保华．劳动关系调整的社会化与国际化．上海：上海交通大学出版社，2006．307

② 张在范．劳资协商的引入与我国经济性裁员法律制度的重塑．江苏社会科学．2009（2）

核心内容。在三方协商的框架下，将解雇事由、解雇人数、解雇日期、解雇的社会性选择、解雇补偿等内容纳入裁员计划进行的对话与磋商，才能发挥法律程序制衡解雇权滥用的功能。三方协商的最终目的并非一定要达成一个用人单位向劳方妥协让步的解雇协议，若如此则过度地干预了用人单位的用工自主权和解约权，其真正的法律意义是将经济性裁员的实施放置到一个公平合理、各方均可接受的解雇程序之中。

二、行政机关介入经济性裁员的思考

劳动行政部门对经济性裁员的介入是国际通行的惯例，这在许多国家的劳动立法甚至国际组织的公约中均有显现。在国际劳工组织1982年158号《雇佣终止公约》第14条中，“向主管行政机关进行通知”是与劳资协商同样重要的程序要求。[①] 在欧盟1998年59号集体裁员的指令中，向相关的公共管理机构进行报告也是雇主必须履行的程序性要求。[②] 当然，在这些国际组织以及国家的法律文件中，集体性的解雇一般只是需要向行政机关做报备即可，并不需要劳动行政机关主导性的参与（荷兰、西班牙等极少数国家例外）。然而，在经济委靡、失业率不断攀升的市场环境下，行政主管机关主动开始介入劳资争议似乎成了基于公共利益而为的一种潮流。台湾的劳资协商模式，若劳资双方能自主协商，法律行政主管机关居于中立地位；若劳资双方拒绝协商或者协商破裂，则主管机关的介入逐渐加深，甚至可以将协商委员会所做成的协议书送请法院审核。行政主管机关的职责，此时已远远不再是接受雇主的“报告备案”这样的中立、超然地位。依据“大量解雇劳工保护法”，行政主管机关应指派代表担任协商委员会的主席，若劳雇双方无法在10日期限内推派或者选举协商代表时，主管机关得依职权于期限届满之次日起5日内代为指定。可

① 国际劳工组织网站，http://webfusion.ilo.org/public/db/standards/normes/appl/appl-displayConv.cfm?conv=C158&hdroff=1&lang=EN，2010-01-12

② 凯瑟琳·巴纳德．欧盟劳动法．付欣译．北京：中国法制出版社，2005．527

见，行政主管部门已经俨然成为了整个协商结构中的主导者和操控者。行政部门的当事人和主导者的定位使协商委员会的最终协约书在效力上及于所有劳工的确存在着法理上的疑问。“主管机关就大量解雇之劳资团体协商，应仅限于为辅导发动协商与不当行为事后审查与处罚纠正之角色，介于法院与劳资自治之间之裁决机构，以防劳资争议恶化，减少社会成本，其实主管机关无直接介入之角色。”①

以此来审视大陆《劳动合同法》中关于经济性裁员的程序规定，其基本上秉承了劳资自治的原则，要求用人单位裁员之前必须经过劳资之间的磋商程序，听取工会或者全体职工的意见。除了对用人单位违反法律、法规和有关规定裁减人员的，劳动行政部门应依法制止和纠正之外，在整个过程中，劳动行政部门仅充当的是事后备案者的角色，并没有权力对裁减人员方案进行直接干预。从比较法角度来看，大陆《劳动合同法》对于行政部门介入大量解雇保护的力度和强度还是较为妥当和适宜的。即使在未来导入三方协商机制，劳动行政部门作为协商的启动者和协调者即可，也并不适宜成为整个经济性裁员协商程序的主导者。然而，面对世界性金融危机所造成的就业压力，大陆很多地区为了缓解本地区的失业率，通过地方性的释法对《劳动合同法》经济性裁员制度进行了部分修正。这些修正的主要内容之一就是要求经济性裁员必须经过劳动主管行政机关的确认。② 姑且不论这些修正是否存在与上位法抵触的嫌疑，但其对《劳动合同法》经济性裁员的程序进行本质上的变动已成为事实，将劳动行政部门的角色定

---

① 谢棋楠. 美国大量解雇劳工保护法制. 大量解雇劳工保护法制学术研讨会论文集，2005. 68

② 2009年，广东、湖北、四川等地出台经济性裁员的地方性规定，均加大了行政部门对于裁员的介入力度。例如，在2009年广东省出台的《广东企业裁员、停产、倒闭及职工后续处理工作指引》中就规定：“如果无法自我确认是否符合裁员条件，各企业不要贸然裁员，要及时与所在地劳动保障部门沟通，得到劳动保障部门确认后再启动裁员程序。”“劳动保障部门对裁员事项提出意见或建议的，企业应当认真研究，依法逐一解决并作出书面报告，直至劳动保障部门最终认可。劳动保障部门对裁员工作直接介入协调处理的，企业应积极配合。”

位由“事后备案者”变成“事前审核者”。行政机关对大量裁员程序的介入应当是慎之又慎的。从经济性裁员的立法本意来看，只是要通过设定相应条件以及程序对用人单位的大量解雇进行一定限制，延迟用人单位的解雇时间使主管部门得以评估和应对大量解雇对劳动力市场产生的影响，而并非要赋予主管机关权力对于个别劳工被解雇的有效性与否进行审查。用人单位的解雇权从法律性质上看为形成权，得以依用人单位的意思表示产生法律上之效果，行政机关之实质性审查将使解雇失去其应有之内涵。将原本的备案制转化为审批制，无疑提升了用人单位经济性裁员的难度，会逼迫用人单位规避经济性裁员制度而变相使用过失性解雇或者径直实施非法解雇，导致员工利益的另外一种损害。

公权力介入劳动契约终止，源于对劳动关系从属性的克服，用以矫正劳资双方不平衡的地位。然而，劳动关系毕竟是建立在私法自治的基础之上的，这在解雇协商程序中亦是如此。“劳动合同的私域性决定了公共权力不能越俎代庖，包揽一切。否则所谓劳动合同必然沦为合同称谓与合同形式而已，劳动合同法也必然异化为劳动行政法。”[①] 在具有私法属性的劳动契约中，行政机关的角色应当主要是监督者而非参与者，其介入大量解雇程序的唯一价值内涵在于督导劳资双方进行协商，保证解雇按照法定程序进行。

三、经济性裁员制度的程序法定位

经济性裁员与个别劳动者解雇保护的主要差异在于前者具有强烈的劳动市场法属性，而并非个别劳工解雇保护的简单相加。经济性裁员对集体解雇的特殊规制在于通过合理性的差异对集体解雇行为施加更多的限制，以控制解雇的合法性，保障整体劳动力市场的稳定。而对大量解雇行为所做的限制，其重中之重的着力点显然在于程序上的约束。“可以说，程序是一种角色分派的体系。程序参与者在角色就位（role taking）之后，各司其职，互相之间既配合又牵制，恣意的

① 冯彦君. 我国劳动合同立法应正确处理三大关系. 当代法学，2006（6）

余地自然受到压缩。”[①] 就经济性裁员法律法制而言，通过解雇通知、劳资协商等程式的设计可以确定雇主、员工、工会、行政部门等职能角色，经济性裁员的实施过程中，各种角色的交互作用完成对雇主滥用解雇权的限制。

在法律定位上，台湾的“大量解雇劳工保护法”以解雇过程中的劳资协商机制为核心建构而成，是一部典型的程序“法”，表现出了很强的侧重程序规范、兼具实体规范的特征。“之所以借由流程化、程序化的规范，作为大量解雇所生组织变动之因应机制，目的即在于试图就多数劳动契约彼此间重复发生同质性质劳动保护问题、甚至是涉及整体就业分配之‘公共问题’，经由过程担保结果之合理性与可能性，达到劳资、甚至劳劳间之利益冲突化解、形成新秩序之结果。”[②] 因此，“大量解雇劳工保护法”的立法内核为程序性限制。与台湾“大量解雇劳工保护法”相比，大陆的经济性裁员更多注重的是实体性的约束而非程序性的规范，《劳动合同法》对于经济性裁员解雇理由和禁止性条件的法定化强调淹没了裁员程序的重要作用，无法发挥出程序在保障劳方知情权、强化资方协商义务、制约雇主解雇权行使的功能。诚如大陆有些学者所言，“劳动法应当强化程序性规定，大量删减实体性规定，将雇主对解雇行为的证明责任转向在解雇程序上的限制。”[③] 汲取台湾的经验，建立一套以程序为轴心的经济性裁员制度应为大陆未来立法的最优选择。在协商程序中，应建立以行政机关为中立身份的三方协商机制，使劳资双方平等磋商，促成劳方对经济性裁员程序的参与，而非对解雇进行实体性的干预。

海峡两岸共同建立在市场经济基石之上的经济性裁员程序具有潜在的共通性。从集体性裁员的成因分析，虽然部分的大量裁员来自于

---

① 季卫东. 法治秩序的建构. 北京：中国政法大学出版社，1999. 17

② 陈建文.“大量解雇劳工保护法”之法理启示——经营组织变动之劳动保护问题初探. 台北大学大量解雇劳工保护法制研讨会论文集，2003-04-26

③ 董保华，刘海燕. 解雇保护制度研究. 见：董保华. 劳动合同研究. 北京：中国劳动社会保障出版社，2005. 250

企业的恶意关厂、歇业，但很多情况下受环境不景气的影响迫使雇主不得不缩减人员规模有时实属断尾求生的无奈之举。因此，经济性裁员制度对于稳定就业的作用有限，远非彻底解决失业问题的良方，只不过是基于社会安全的考量以法律之力对雇主解雇权的行使施加一种限制，尤其是程序上的限制。从劳动市场的角度来考虑经济性裁员，需要一种宏观性、立体性的整合。从横截面而言，经济性裁员多伴随企业改组、兼并、破产而发生，各种法律关系错综复杂，没有统合性的立法将使被解雇员工的保护进退失据；从纵截面而言，经济性裁员不仅应致力于通过程序限制预防解雇的发生、对即将到来的解雇潮进行预警，还要考虑失业人口增加所引发的失业保险支付、职业训练、职业介绍等劳动市场上的一系列连锁反应。因此，大量解雇劳工保护法律制度的外延并非局限于解雇程序的自我实现，还需要与破产清算、合并重整、就业辅导、职业培训、就业预测、就业促进等系列措施相互配合，才能真正实现其规范劳动市场的立法目的。鉴于经济性裁员制度本身的特点无法为解雇保护体系所完全包容，大陆未来应当以程序法为根本特征，整合各方法律资源以形成一部经济性裁员的单行法。

第六章

解雇权限制之经济补偿金

经济补偿金（severance pay）又称资遣费、遣散费或者辞退金，是指用人单位依法解除或者终止劳动合同时，向无过错的劳动者一次性支付的经济补助。由于劳动立法对于经济补偿金的支付设定了明确的支付范围、支付标准，因此经济补偿金在很大程度上已经类似于劳动基准，具有隐性劳动基准的特征。国际劳工组织 1982 年第 158 号《雇佣终止公约》第 12 条也明确肯定了被解雇的劳动者有获得经济补偿金的权利，“一个雇佣被终止的工人有权根据国家的法律或者惯例获得经济补偿金或者其他离职津贴，其数额应当根据服务年限或者工资水平为基础确定，直接由雇主或者雇主捐款组成的基金支付”①。从功能上来看，作为用人单位解除或者终止劳动合同时所必须付出的经济成本，经济补偿金制约了用人单位解雇权的行使。通过经济补偿金支付范围和标准的设定，劳动立法实际上创设了一个用人单位解雇成本的预期，从解雇待遇方面为被解雇的劳动者提供了解雇保护，是解雇保护的重要制度性措施之一。一般认为，经济补偿金除了具有解雇限制的功能之外，还具有失业保障的功能，因为经济补偿金的支付为劳动者在寻觅新工作期间提供了一定程度的生存权保障。我国台湾学者也认为经济补偿金在功能上有两种取向：（1）类似失业保险或者

① 国际劳工组织网站，http://webfusion.ilo.org/public/db/standards/normes/appl/appl-displayConv.cfm?conv=C158&hdroff=1&lang=EN，2010-01-12

觅职津贴之“失业者生活保障功能取向”；（2）限定损害赔偿，以经济成本预防雇主恣意解雇劳工的“预防解雇功能取向”。①

我国1986年在《国营企业施行劳动合同制暂行规定》中第一次对经济补偿金做出规定，当时其名称为“生活补助费”，后《劳动法》使用“经济补偿金”的称谓。《劳动法》体制下的经济补偿金主要适用于用人单位单方行使解除权的情况，涵盖了推定解雇、无过错解雇、经济性裁员以及协商一致的用人单位解除劳动合同等情形。《劳动合同法》突破了原有经济补偿金仅适用于劳动合同解除范围的规定，将部分劳动合同的终止情形也纳入支付领域，这是对经济补偿金制度的一项重要改造。依《劳动合同法》及其《实施条例》，劳动合同终止时用人单位须支付经济补偿金的情形主要有：（1）劳动合同到期终止时的经济补偿金。除用人单位维持或者提高劳动合同约定条件续订劳动合同，劳动者不同意续订的情形外，终止固定期限劳动合同的。（2）用人单位资格消失致劳动合同终止的经济补偿金。具体而言，因用人单位破产或者被吊销营业执照、责令关闭、撤销或者用人单位决定提前解散的，用人单位应当支付经济补偿金。（3）完成一定工作任务为期限的劳动合同终止的，用人单位应当支付经济补偿金。除了支付范围之外，《劳动合同法》还对经济补偿金的支付重新进行了封顶限制，规定，“劳动者月工资高于用人单位所在直辖市、设区的市级人民政府公布的本地区上年度职工月平均工资3倍的，向其支付经济补偿的标准按职工月平均工资3倍的数额支付，向其支付经济补偿的年限最高不超过12年”。《劳动合同法》还明确了经济补偿金的支付时间，即在办理工作交接时进行支付，以防止劳动者规避工作交接的劳动合同随附义务。

---

① 郭明政．“劳基法”资遣费与退休金制度之改革．政大劳动学报，2000（9）；陈建文．“劳动基准法”第20条之研究．政大法学评论，2003，6（74）

第一节　经济补偿金的性质认识

在理论上，我国对于经济补偿金的法律性质还未有统一认识。学者的观点主要集中于“劳动贡献补偿说”“法定违约金说”“失业风险分担说”“用人单位帮助义务说”四种学说。对经济补偿金的定性，关乎经济补偿金的法律适用与制度建构。

“劳动贡献补偿说”认为经济补偿金是对劳动者在工作期间对用人单位所作贡献的一种补偿。“劳动贡献的积累补偿，是对劳动者在劳动关系存续期间为用人单位已作贡献的积累所给予的经济补偿，其数额一般应当与本单位工龄挂钩，除了劳动者因为有过错而被辞退以外，在劳动合同终止时应当支付这种补偿。”① “劳动贡献补偿”比较好地解释了为什么经济补偿金的支付以本单位的工作年限作为基准来进行计算。《劳动合同法》将经济补偿金的支付范围扩大至部分劳动合同的终止也与其基本思路相契合。但是，该学说将经济补偿金视为对劳动者工作期间劳动报酬的一种延续支付，与工资支付的基本原则有着一定程度的冲突。依国际通行之工资支付原则，工资应当全额直接支付给劳动者且定期发放，而经济补偿金一次性支付给劳动者的特征使其在支付时间、支付额度上都无法与延续性工资支付的性质相匹配。另外，若经济补偿金是对劳动者工作期间劳动贡献的一种补偿，那么所有劳动者在离职的时候均应当获得此种补偿。但几乎所有国家的劳动立法都规定劳动者在退休、过错性解雇、自动离职等情形下是无法获得经济补偿的。我国《劳动合同法》也将劳动合同终止情形中的劳动者死亡或者宣告失踪或者死亡、享受基本养老保险等情形排除在经济补偿金的适用范围之外。

“法定违约金说”认为经济补偿金在性质上应是用人单位违反劳动合同义务而导致的一种法律责任。“经济补偿金的性质是因雇员过

① 王全兴. 劳动法学. 北京：人民法院出版社，2005. 191

去的服务而进行的补偿；而在雇主无正当理由解除合同时，即表示雇主违约，则所发放的经济补偿金相当于损害赔偿。”① “法定违约金说”将经济补偿金视为违约而导致的法律责任混淆了法律义务与法律责任之间的区别。经济补偿金是在用人单位合法解除或者终止劳动合同情形下支付的，是法律所确定的用人单位的法定义务，其支付所需要的构成要件中并不一定要求用人单位有违约行为。违约金作为一种法律责任具有补偿合同相对人损失或者惩罚违约者的功能，这明显与经济补偿金的法律义务属性相悖。从法律适用的角度而言，“法定违约金说”也具有自身无法克服的问题，“违约金计算应以未履行的时间为标准，而各国对于经济补偿金的计算却主要以劳动合同已经履行的年限为标准，何况协商一致解除合同时并不能说是违约，用人单位仍需支付经济补偿金，这说明法定违约金说也不足以解释经济补偿金的性质”②。《劳动合同法》将部分用人单位终止劳动合同的情形纳入经济补偿金支付的范围，也表现出了对法定违约金说的否定。因为在劳动合同目标的正常完成的终止中，用人单位一方很明显不存在任何形式的违约行为。

“失业风险分担说”认为经济补偿金的性质在于用人单位对劳动者失业风险的分担。“由于劳动合同解除权的行使牵连着用人单位的经营和劳动者的就业，解除权的行使通常都伴随着风险的转移，用人单位依法行使解除权实质就是将经营风险的一部分转嫁成为劳动者的就业风险。经济补偿金是在用人单位依法行使解除权的过程中由劳动立法课以用人单位的强制性义务。因此从某种程度上说，经济补偿金可以看做用人单位对先前转嫁给劳动者经营风险的一种公平责任分

① 傅静坤．劳动合同中的解约金问题研究．现代法学，2000（38）

② 林嘉，杨飞．劳动合同解除中的经济补偿金、违约金和赔偿金问题研究．见：林嘉．劳动法评论．北京：中国人民大学出版社，2005．17

摊。”[①]“失业风险分担说”通过公平责任将经济补偿金的支付与用人单位的经营风险转移相联系，具有很强的创造性和说服力。然而，通过法律强制性的标准要求劳动者来分摊用人单位的经营风险，与市场主体自主经营、自担风险的营利性特质无疑是相背离的。该学说将用人单位经营风险转嫁为就业风险的解释，内在逻辑上是要求用人单位来承担劳动者的失业风险，经济补偿金也因此被赋予了社会保障的属性。然而，在具有社会保险体制的情形下，失业保险与经济补偿金是并列存在的，经济补偿金对失业风险的负担与失业保险之间存在功能上的冲突。如果说以“失业风险分担说”来解释劳动合同解除中经济补偿金的支付尚可理解，但在固定期限合同的终止中，用人单位与劳动者之间对于劳动关系的结束已有预期，由用人单位分担失业风险的经济补偿金断无道理。“失业风险补偿”的逻辑结论与《劳动合同法》设定的劳动合同终止时经济补偿金的支付范围相矛盾。

“用人单位帮助义务说”认为经济补偿金在性质上是用人单位对被动结束劳动关系的劳动者实施的一项法定帮助义务。“就用人单位帮助义务法定化而言，其内在的逻辑是：经济补偿金是用人单位在劳动者被解除合同这一最需要帮助的时候给予劳动者的资助，是国家分配给用人单位的法定义务，是‘用人单位帮助义务化或法定化’。”[②]“经济补偿金是员工在被动结束劳动关系时，企业承担的一项法定帮助义务。”[③]“被动结束劳动关系”是理解“用人单位帮助义务说”的核心。“被动结束劳动关系”是指由于劳动者非主动性、过错性的缘由导致劳动关系的结束，危及劳动者的生存利益，才需要用人单位进行经济上的帮助，这也就将劳动者主动辞职、过错性解雇、劳动者提

---

① 冯彦君．劳动合同解除的“三金”适用与《劳动法》的修改．见：叶静漪，周长征．社会正义的十年探索——中国与国外劳动法制改革比较研究．北京：北京大学出版社，2007．203～204

② 董保华．劳动合同法中经济补偿金的定性及其制度构建．河北法学，2008（5）

③ 董保华．锦上添花抑或雪中送炭——析《中华人民共和国劳动合同法（草案）》的基本定位．法商研究，2006（3）

出动议协商一致解除、固定期限劳动合同终止后劳动者不再续签等情形排除在经济补偿金的支付范围外。经济补偿金的“法定帮助义务”，则指出了用人单位所实施的帮助是一项具有法律强制力的义务而非法律责任，经济补偿金的劳动基准特性保障了其作为解雇保护的重要手段能抑制解雇权的滥用。经济补偿金由于是一种用人单位的帮助义务，其帮助的范围应当仅限于那些需要帮助的劳动者。劳动者的工作年限、月工资水平都是作为确定“帮助数额”标准的一个环节而存在的。为了保证能对最需要帮助的劳动者进行“帮助”，还应通过制度设计来完成对经济补偿额度的限制。

较之前面三种学说，“用人单位帮助义务说”从理论上比较好地诠释了我国现行立法中经济补偿金支付范围、支付标准、支付限制等一系列问题，比较而言是一种更为合理化的定性解释。我国台湾学者黄越钦教授对于经济补偿金所具有的这种“帮助”属性也有精辟的解释：“在不可归责于劳雇双方当事人之事由时，资遣费乃是雇主保护照顾义务之效力所衍生的一种义务，其法律性质为对受解雇之‘离职补贴’，具有劳动契约之伦理功能。”[①] 黄越钦教授所言的这种“照顾义务”“伦理功能”实际上正是用人单位通过经济补偿金对劳动者进行帮助的一种体现。

第二节 我国经济补偿金支付水平分析

从整个制度的构成来看，我国经济补偿金的制度性要素包括经济补偿金的支付范围、计算基数、计算年限三个组成部分。

一、支付范围分析

就支付范围而言，《劳动合同法》突破了《劳动法》体制下经济补偿金的支付仅限于劳动合同解除范围的规定，将其适用领域延展至部分劳动合同的终止。除了法国、意大利等少数国家，在采用经济补

① 黄越钦. 劳动法新论. 北京：中国政法大学出版社，2003. 158

偿金作为解雇保护手段的国家中，大多将经济补偿金的支付范围限制在雇主因经济性裁员或者员工非过失性解雇的范围。在采用“广覆盖”的模式之后，我国经济补偿金在支付范围上已经近似于法国与意大利。在《法国劳动法典》中，订立无固定期限劳动合同的劳动者如果满足两年以上连续服务的工作年限，无论基于“个人原因”或者雇主的“经济原因”被解雇，均可以获得最低限度的经济补偿金。而对于固定期限劳动合同到期不延续的情况下，《法国劳动法典》规定受雇的员工均有权得到“不稳定状态的补贴”作为补充工资。[①] 这种“不稳定状态补贴”虽然不称做“经济补偿”，但其功能上与解除无固定期限劳动合同的经济补偿金等同。可见，法国在固定期限劳动合同到期不续签时，员工也可以获得经济补偿。与法国不同的是，我国经济补偿金涵盖范围中的终止，不仅包括固定期限劳动合同到期未续签，还包括由于用人单位资格丧失而致使劳动合同终止的情形。比较而言，意大利经济补偿金的支付范围则更大，劳动者在任何情况下终止劳动关系均可获得经济补偿金。在《意大利民法典》中，“任何终止隶属性劳动关系的，劳务提供者均有权取得因终止劳动关系而应享受的待遇。该待遇的金额应当按照劳务提供者的工龄计算，每年应当享受的金额相当于或不超过劳务提供者该年度的工资总额除以 13.5 以后所得的金额，再将各年应当享有的金额相加即为劳务提供者应当享有的终止劳动关系的待遇总额”[②]。有学者认为我国的经济补偿更接近欧洲的意大利[③]，但实际上我国经济补偿金的支付范围比意大利要小，因为《意大利民法典》中的经济补偿支付范围包括了所有劳动合同终止的类型，甚至包括了劳动者死亡时向其配偶和子女以及血

---

① 《法国劳动法典》第 L122-9 条，L122-3-4 条。参见：法国劳动法典．罗结珍译．北京：国际文化出版公司，1996．24～29

② 意大利民法典．费安玲等译．北京：中国政法大学出版社，2004．496

③ Wolfgang Däubler & Qian Wang. Labor Law Developments in China—The New Chinese Employment Law. Comparative Labor Law and Policy Journal, vol. 30, 2009, p401

亲、姻亲支付的内容。这种法律规定实际上是把经济补偿金视为劳动者对雇主已经产生但没有得到的一种延期补偿。①

我国对经济补偿金的支付范围扩大至终止，其主要立法意图在于通过对用人单位解雇权的抑制达到稳定劳动关系的目的。“劳动合同法通过规定劳动合同终止，用人单位依法支付经济补偿，可以起到遏制劳动合同短期化趋势，防止用人单位钻法律的空子。”② 应当说，将固定期限劳动合同到期终止用人单位不续签纳入经济补偿金的支付范围有助于强化对固定期限劳动者的解雇保护，在《劳动法》体制下的确存在用人单位利用劳动合同到期终止的宽松规定规避支付解雇成本的行为。但是，在《劳动合同法》对劳动合同的解除和终止事由进行双向收紧之后，通过固定期限劳动合同到期终止支付经济补偿金的规定能否达到稳定劳动关系的目的值得怀疑。有学者就认为，“对于临时性的和较短期限的固定期限劳动合同，即使采取较高的经济补偿标准，也无法使其实现稳定性，并制约用人单位终止劳动合同”③。事实上，劳动合同双方当事人在订立固定期限劳动合同时已经对终止时间形成了预期，而且固定期限劳动合同在现实中也主要适用于临时性、短期性的劳动关系，其本身就不是一个高度稳定化的合同类型。要求用人单位在固定期限劳动合同到期不续签时支付经济补偿金，调高了解约成本，会加剧倒逼用人单位从固定期限劳动合同这样的标准劳动关系中“出逃”，进而选择劳务派遣等非标准劳动关系，反而形成对劳动关系稳定性的破坏。

二、计算基数与计算年限分析

就计算基数而言，我国《劳动合同法》以劳动者的“月工资”作为计算基数用于经济补偿金的计算。依据《劳动合同法》第 47 条规

---

① Callum Campbell. Labor & Employment 2006. Law Business Research Ltd，2006，p82

② 杨景宇，信春鹰．中华人民共和国劳动合同法解读．北京：中国法制出版社，2007．155

③ 李坤刚．劳动合同经济补偿金的功能、性质和制度完善．阅江学刊，2009（2）

定：月工资是指劳动者在劳动合同解除或者终止前12个月的平均工资。大部分国家或者地区与我国类似，都是以劳动者本人工资作为经济补偿金的计算基数，但在具体标准上则有区别，有的采用"月工资"标准（如智利、意大利、俄罗斯、我国台湾地区等），有的采用"周工资"标准（如英国、爱尔兰等），有的则采用"部分月工资"标准（如法国、我国香港地区[①]），有的采用若干个"工作日工资"（如西班牙、印度[②]）。对我国经济补偿的"月平均工资"，《劳动合同法实施条例》进一步明确"按照劳动者应得工资计算，包括计时工资或者计件工资以及奖金、津贴和补贴等货币性收入。劳动者在劳动合同解除或者终止前12个月的平均工资低于当地最低工资标准的，按照当地最低工资标准计算。劳动者工作不满12个月的，按照实际工作的月数计算平均工资"。但是这里的"月平均工资"并未明确是否包括各种劳动者应缴纳的税费，即劳动者社会保险费个人缴纳部分、住房公积金个人缴纳部分以及个人所得税这些内容是否应该纳入"月工资"的计算基数？社会保险费个人缴纳部分、住房公积金个人缴纳部分以及个人所得税等税费从来源上看均为劳动者个人的合法所得，应为"应得工资"的构成内容，经济补偿金在计算时应当涵盖。如果将此部分内容排除在经济补偿计算基数之外，无疑变相缩减了劳动者的解雇待遇。

就计算年限而言，我国经济补偿金的支付在计算基数的基础上，以工作年限为计算单位计发。每一个工作年限支付1个月工资。《劳动合同法》第47条规定："经济补偿按劳动者在本单位工作的年限，每满1年支付1个月工资的标准向劳动者支付。6个月以上不满1年的，按1年计算；不满6个月的，向劳动者支付半个月工资的经济补

---

① 依法国劳动法，劳动者的经济补偿金每一个工作年限支付1/10的月工资，工作年限超过10年，每增加一个工作年限多付1/15月工资；依《香港雇佣条例》，劳动者可以获得遣散费以最后一个月全月工资的2/3作为计算基数。

② 依据西班牙法律，劳动者每一个工作年限可以获得20个工作日工资的经济补偿金；印度法律规定，劳动者每一个工作年限可以获得15日工资的经济补偿金。

偿。”几乎所有的国家在计算经济补偿金时都考虑了劳动者的工作年限跨度，与计算基数相乘以确定经济补偿金的额度。但也有一些国家（如英国、荷兰）在工作年限的计算基础上还考虑了劳动者的年龄以对不同年龄段的劳动者适用不同的经济补偿金支付标准。[①]《劳动合同法》第 47 条对于经济补偿金支付中的工作年限要求必须是“本单位”的工作年限。那么，在用人单位主体发生变动的情况下，劳动者的工作年限是否可以连续计算就会影响经济补偿金的支付额度。《劳动合同法》对于劳动合同中用人单位的主体变更，主要采用了劳动合同承继这种处理方法，“用人单位发生合并或者分立等情况，原劳动合同继续有效，劳动合同由承继其权利和义务的用人单位继续履行。”承继的劳动合同，劳动者工作年限应该连续性计算。对于非承继性质的用人单位主体变更，《劳动合同法实施条例》规定：“劳动者非因本人原因从原用人单位被安排到新用人单位工作的，劳动者在原用人单位的工作年限合并计算为新用人单位的工作年限。原用人单位已经向劳动者支付经济补偿的，新用人单位在依法解除、终止劳动合同计算支付经济补偿的工作年限时，不再计算劳动者在原用人单位的工作年限”。此条款中，当劳动者同时满足“非因本人原因”和“被原用人单位安排到新单位”这两个条件时，劳动者在两个单位的工作年限是合并计算的，以此来解决员工在直属企业之间调动、母子公司之间岗位轮转等过程中带来的工作年限计算问题。

综合比较来说，我国一个工作年限支付 1 个月工资的经济补偿金标准，在国际上已经位居前列。由于我国立法将经济补偿金的性质主要界定为一种“用人单位帮助义务”，突出对底层劳动者的经济补偿，因此在计算经济补偿额度的时候，还通过设定封顶线的方式来矫正经

---

① 英国制定法规定，劳动者每一个工作年限的基本经济补偿额度为：18～21 岁，0.5 个周薪；22～40 岁，1 个周薪；41～65 岁，1.5 个周薪。荷兰法院在计算经济补偿金时也参考了劳动者的年龄，每一个工作年限经济补偿金的支付额度为：40 岁以下，1 个月工资；40～49 岁，1.5 个月工资；49 岁以上，2 个月工资。

济补偿金畸高带来的不公正效果；同时考虑用人单位对解雇成本的承受力，《劳动合同法》为经济补偿金的支付设定了两条封顶线，第一条封顶线为计算基数的最高限，即本地区上年度职工月平均工资的3倍，第二条封顶线为最高12年的支付年限。由于立法确立的这两条封顶线不是并列适用而是叠加适用，后一个封顶线需要以第一个封顶线作为满足条件，因此在实际计算过程中，可能会出现高收入者的经济补偿低于低收入者的情形。[①] 国际上也有一些国家通过设定最高计算基数或者最高支付年限来限制经济补偿金的支付标准。在英国制定法中因经济原因裁员的资遣费计算中，对最高计算周薪和最高服务年限都进行了限制，超过380英镑的周薪和超过20年的服务年限在计算经济补偿的时候不予考虑。以此计算，英国最高的基本经济补偿标准为11 400英镑。[②] 智利的法律中也将经济补偿金的支付最高年限设定在11个月工资，月工资的计算基准限制在约3 080美元。西班牙则设定最高支付12个月的经济补偿金。[③] 从用人单位帮助义务的角度审视，我国经济补偿金的计算应采用计算基数和计算年限两条封顶线并列适用的方式，这样才能使经济补偿金更能体现其社会法的本性，在保障劳动者利益的同时统筹考虑用人单位的承受力。同时，还应在立法上设置经济补偿金最低支付标准的“保底线”，以保障劳动者最基本的解雇利益。

---

① 例如，假设劳动者A被单位合法解雇，其所在地上年度月平均工资为1 600元，A月平均工资为5 000元，工作年限20年，由于A的工资高于本地区上年度月平均工资3倍的封顶线并且工作年限也超过最高12年的封顶线，因此应以封顶线为标准来计算其经济补偿，为1 600×3×12＝57 600元；假设B的月平均工资为4 500元，其他条件与A相同，由于低于本地区上年度月平均工资3倍的封顶线，因此B自然也不适用12年最高支付年限的封顶限制，其经济补偿额度为4 500×20＝90 000元，远高于工资收入比其高的A。

② Alison Bone & Marnah Suff. Essential Employment Law（second edition）. Wuhan University Press，2004，p148～149

③ Callum Campbell. Labor & Employment 2006. Law Business Research Ltd，2006，p45～130

三、我国经济补偿水平的思考

虽然经济补偿金是解雇权限制的三大重要手段之一，但并非所有国家均在解雇保护中使用。德国这个严格限制解雇的国家，在立法中就没有经济补偿金制度。美国、日本以及澳大利亚等国的劳动法中也没有设置经济补偿制度。其原因之一，是这些国家覆盖面广的失业保险对经济补偿金的失业保障功能进行了有效替代。以德国为例，德国的失业保险涵盖了除法律有规定之外的所有雇员，甚至包括农业工人和家庭用工。德国在失业保险待遇的支付上，除了有失业保险金之外，还有失业救济金，对不具有领取失业保险金条件以及失业保险期限届满的人员也能得到失业保护。[①] 即使在美国这样对解雇进行宽松限制的国家，采用了联邦与各州立法配合，形成了多种形式的失业保障制度，覆盖面达到全美劳动力的90%。[②] 由于失业保险的高覆盖和强制性，解雇待遇的支付由完全的企业责任转化为社会责任，企业得以减轻解雇的成本负担。而我国的失业保险制度由于覆盖面有限、享受条件严格，并不能独自承担起就业保障的任务，经济补偿金一定程度上还负担着维持失业者经济能力的功能。依我国台湾学者所言，资遣费作为一种“企业的社会给付”，用以保障劳工所遭受之生活风险或促进劳工福祉，依然具有社会福利的属性。[③]

从解雇保护的角度来说，解雇权的限制实际上在内部形成了一个功能互相作用的体系。解雇事由、解雇程序与解雇待遇之间互相影响也互相配合，协调着用人单位与劳动者之间利益的平衡。在解雇权严格限制的国家，在对解雇事由与解雇程序施加严格限制的同时，一般都会相应降低对雇主解雇补偿的要求。在德国，解雇理由要满足正当事由以及社会正当性的要求、程序上要求听证并且履行通知期规定，

---

① 陶芳侯．对德国失业保险和劳动力市场情况的观察与思考．财贸研究，2001（1）

② 陈银娥．美国的失业保险制度及其对我国的启示．华中师范大学学报（人文社会科学版），1999（3）

③ 郭明政．社会安全制度与社会法．台北：翰芦图书出版有限责任公司，1997．81～82

因此法律并不要求雇主支付经济补偿以便减轻对雇主解雇成本的约束。在法国，由于个人原因和经济原因的解雇均要求“严肃而实际的理由”且有严格法定程序，劳动法在解雇待遇方面也采用了较低的经济补偿标准，劳动者每一个工作年限雇主只需支付1/10的月工资。在英国成文法的解雇体系中，由于法律严格限定了雇主的解雇事由和解雇程序，在经济补偿上也只要求雇主承担劳动者每个工作年限0.5～1.5的周薪。而我国用人单位的解雇，在解雇事由上要符合法定事由，程序上既要求履行预告期义务又要经过与工会协商，还要承受一个工作年限一个月工资的解雇成本。与其他国家横向比较，我国的经济补偿标准已经位于高位，加之考虑解雇事由与解雇程序的因素，我国现行法对解雇限制的强度明显过高。以我国目前人均GDP排名世界105位，全球经济竞争力排名第29位[①]的发展现状来看，如果严格按照现行法定的解雇事由、解雇程序和解雇待遇来实施解雇，将会对企业的灵活用工机制产生严重的消极影响，使劳动关系趋于凝固化，也会对国家的整个宏观经济产生负面影响。如果说在《劳动法》体制下，用人单位还可以通过相对宽松的劳动合同终止制度来避开较高的解雇成本负担的话，当《劳动合同法》将固定期限劳动合同的终止也纳入经济补偿的范围，解雇成本恐怕会成为企业的不能承受之重。我国台湾地区“劳动基准法”中的资遣费标准原来与大陆一致，均为一年工龄发放一个月平均工资的经济补偿。但是为了减缓高额资遣费对雇主的经济压力，台湾地区在2004年通过“劳工退休金条例”，将劳退新制之后的资遣费标准降低一半，改为每满一个工作年限支付1/2月之平均工资，并有最高6个月平均工资的支付上

① 该数据来自世界经济论坛（WEF）于2009年发布的《2009—2010年全球竞争力报告》。

限。[①] 其经验可兹借鉴。对大陆而言，与其以丧失法律的严肃性为代价，通过各地方的宽松执法来放松解雇限制，不如直接通过修订法律对解雇保护力度重新调整。就经济补偿金制度来说，将固定期限劳动合同的终止排除于支付范围，并列适用计算基数和计算年限的双封顶线，建立最低支付标准的“保底线”，应是目前转轨成本最小的一种技术处理方法。进一步改革的目标应当是适度降低经济补偿金的高福利标准，当然这需要通过与解雇事由、解雇程序之间进行整体协调，统一完成。

第三节　经济补偿金与赔偿金的关系处理

劳动合同法中的赔偿金，是劳动合同当事人违反法定义务所应承担的法律责任。就劳动合同的解除与终止过程中产生的赔偿金，应是“用人单位或劳动者不当解除劳动合同给对方造成损失时给付对方的一定数量的金钱”[②]。与经济补偿金相比，赔偿金在适用对象、适用条件、法律性质等方面与经济补偿金有很大差异。在适用对象上，赔偿金不限于用人单位，还包括劳动者；在适用条件上，赔偿金的适用要求主体主观上有一定过错；在法律性质上，赔偿金是作为劳动合同当事人违反法定义务的一种法律后果而出现的。赔偿金的法律责任性质与经济补偿金的法律义务性质是两者最核心的区别所在。

在劳动合同法中，对用人单位的赔偿金主要体现了惩罚性。与经济补偿金相关联的赔偿金形式主要有两种：（1）责令赔偿金。责令赔偿金是用人单位违反法定义务时，由劳动保障行政部门责令用人单位

---

① 依据台湾地区 2004 年“劳工退休金条例”第 12 条之规定，适用新劳工退休金条例制度的劳工，其资遣费计算方法较之“劳动基准法”的规定减半，而对“劳工退休金条例”出台之前已经受雇并且适用“劳动基准法”退休金规定的原有劳工，不受新条例的影响。

② 林嘉，杨飞．劳动合同解除中的经济补偿金、违约金和赔偿金问题研究．见：林嘉．劳动法评论．2005．42

在履行原义务的条件下，加付给劳动者的金额。《劳动合同法》第85条规定，在用人单位解除或者终止劳动合同过程中，未按照规定向劳动者支付经济补偿的，除了责令用人单位限期支付经济补偿之外，在逾期未支付的情况下责令用人单位按照应付金额的50%以上100%以下的标准向劳动者支付赔偿金。从法律性质上看，责令赔偿金是用人单位未履行法定经济补偿金支付义务而引发的行政法律责任。(2) 违法解除与终止劳动合同赔偿金。依据《劳动合同法》第48条，用人单位违反劳动合同法规定，解除或者终止劳动合同，劳动者不要求继续履行或者继续履行不能时，用人单位应当依照国家规定的经济补偿标准的两倍向劳动者支付赔偿金。

一、经济补偿金与责令赔偿金

在劳动合同法的法律责任设计中，因用人单位不支付经济补偿金而引致的责令赔偿金是一种行政责任，由劳动保障行政部门责令用人单位加付给劳动者。这种行政责任体现于劳动监察关系之中，劳动监察部门作为行政主体，而用人单位作为监察对象。责令赔偿金被划入行政责任范畴，排除了劳动者通过劳动仲裁或者劳动诉讼等司法途径来获得额外赔偿。

《劳动合同法》有关责令赔偿金的内容改变了我国原劳动法体制下惩罚性赔偿的格局。在原劳动法体制下，用人单位未支付经济补偿金，劳动者有两条救济途径。第一个救济途径是依据1995年劳动部的《违反和解除劳动合同的经济补偿办法》提起劳动仲裁或者诉讼。依据该办法，用人单位解除劳动合同后，未按规定给予劳动者经济补偿的，除全额发给经济补偿金外，还须按该经济补偿金数额的50%支付额外经济补偿金。这种“额外经济补偿金”作为用人单位不支付经济补偿金的一种民事法律责任，是一种请求赔偿金，可以通过劳动者启动司法途径获得。第二个救济途径是依据《劳动保障监察条例》以及原劳动部《违反〈中华人民共和国劳动法〉行政处罚办法》中的规定，由劳动监察部门责令用人单位支付赔偿金，这种责令赔偿金是一种行政责任。“请求赔偿金”与“责令赔偿金”的并存实际上将用人单位不支付经济补偿金的法律责任分割为私法责任和公法责任，分别纳入两个不同的体系，劳动者可以选择通过劳动监察或者劳动仲裁或者诉讼来寻求法律救济。将惩罚性赔偿纳入两个体系，其本意是想从多个角度来维护劳动者的利益，但是由于两套体系在处理机构、处理程序、救济程序等多个方面的不同，加之制度选择性成本的存在，导致了两个体系之间不可避免地发生实体性碰撞，学者对此也多有诟病。[①]

在《劳动合同法》实施之后，责令赔偿金得以保留，主要体现于第 85 条，而原有的请求赔偿金则从立法中消失。虽然有学者认为，去除请求赔偿金增加了劳动者的维权成本，宜通过最高人民法院的司法解释或者目的性扩张弥补漏洞的办法重新恢复请求赔偿金的存在[②]，实践中，也有一些地方的法律解释认可劳动者通过劳动仲裁或者诉讼途径获得额外赔偿金。[③] 但是从赔偿金的性质来认识，《劳动合同法》的做法值得肯定。其实，在《劳动合同法》责令赔偿金的适用条件中，责令赔偿金的支付应具有“劳动行政部门要求用人单位限期支付经济补偿而用人单位逾期不支付”的要件，并非用人单位不支付经济补偿即会产生赔偿金的法律责任，这也是责令赔偿金具有惩罚性的原因所在。而作为民事法律责任，其核心功能应当是补偿，即用以弥补用人单位违反法定义务给劳动者所带来的损失。将具有惩罚性质的请求赔偿金纳入民事法律责任体系中，将会使赔偿金的惩罚性和赔偿性混同。我国台湾地区的“劳动基准法”也是将不支付资遣费纳

---

① 董保华. 劳动法上的惩罚性赔偿. 见：董保华. 劳动合同研究. 北京：中国劳动社会保障出版社，2005. 391～395

② 丁宇翔. 经济补偿金、赔偿金及其他——《劳动合同法》实施后经济补偿的法律适用. 法律适用，2009（1）

③ 例如：2009 年《浙江劳动仲裁委关于劳动争议案件处理若干问题处理意见》第 48 条规定，解除劳动合同后，用人单位依法应付而未支付劳动者经济补偿金，劳动者根据原劳动部《违反和解除劳动合同的经济补偿办法》第 10 条规定要求用人单位支付 50%的额外经济补偿金的，应予支持。

入公法责任体系中，对雇主处以罚金而非民事的惩罚性赔偿。[1]

然而，值得深思的是，2010 年最高人民法院《关于审理劳动争议案件适用法律若干问题的解释（三）》将《劳动合同法》中的责令赔偿金又赋予了请求赔偿金的属性。该司法解释在第 3 条规定，“劳动者依据劳动合同法第 85 条的规定，向人民法院提起诉讼，要求用人单位支付加付赔偿金的，人民法院应予受理。”此司法解释产生的疑问在于：当用人单位未向劳动者支付经济补偿金之时，劳动者是否有权直接向人民法院起诉请求用人单位给付赔偿金？还是说劳动者应当先行向劳动行政部门投诉，在通过行政渠道得不到赔偿金的时候才有权向人民法院起诉请求赔偿金给付？从司法解释的表述来看，似乎更倾向于前者，但如此操作，责令赔偿金的性质就会发生大的转化，兼具了请求赔偿金的性质，似乎与《劳动合同法》的立法逻辑产生冲突。而且，按照此种解释还会产生的问题是：用人单位未向劳动者支付经济补偿金，劳动者可否通过劳动仲裁要求加付责令赔偿金？因此，从保持立法逻辑性的角度出发，即使司法解释认可加付赔偿金可诉，也应当将劳动者这种诉权限制于“劳动行政部门在责令用人单位限期支付后，用人单位仍未支付”的情形，将行政程序前置，保持与《劳动合同法》第 85 条的协调，而不是将可诉的范围放大至仅需满足未依法支付经济补偿金的条件即可。

二、经济补偿金与违法解除或者终止赔偿金

用人单位违法解除或者终止劳动合同所支付的赔偿金，是用人单位违反劳动合同法有关解雇事由以及解雇程序等规定所应当承担的法律责任。《劳动合同法》第 87 条明确预设了违法解除或者终止劳动合同的赔偿金额度，即经济补偿金的两倍。这也同时引发了一个颇具争议的问题：用人单位在支付了违法解除或者终止的赔偿金之后，是否还需支付经济补偿金？理论上，有学者在劳动法体制下就此问题阐述

① 台湾地区“劳动基准法”第 78 条。

过看法，认为“二者性质不同、适用条件不同，不能互相替代”[①]。有我国台湾学者也认为，资遣费并不排除劳工另有损害时，赔偿请求权之行使。[②] 我国劳动法体制下的立法也倾向于此种认识。2001 年最高人民法院《关于审理劳动争议案件适用法律若干问题的解释》中对于“推定解雇”就采用了违法解雇的赔偿金与经济补偿金可以并列适用的解释。但是在《劳动合同法实施条例》第 25 条中，又明确规定，用人单位已经支付了违法解除或者终止劳动合同赔偿金的，不再支付经济补偿。

对于赔偿金与经济补偿金是否可以并列适用，各国立法中的规定不大相同。英国在《劳雇权利法》中，对不公平解雇的金钱赔偿类型主要分为“基本补偿”（basic award）、“赔偿性补偿”（compensatory award）、“额外性补偿”（additional award），以及“特殊补偿”（special award），其中基本补偿的计算方式与资遣费的计算方式基本相同。[③] 在劳动者成功主张了不公平解雇的情况下，为了防止劳动者获得资遣费与金钱赔偿双重利益，《劳雇权利法》规定资遣费可以从“基本补偿”中扣除，如果资遣费的金额高于“基本补偿额”，还可以从“赔偿性补偿”中冲抵扣除。[④] 可见，英国的不公平解雇是允许经济补偿金从赔偿金中抵扣的。而在《法国劳动法典》中，经济补偿与赔偿金却是并行不悖的。该法典 L122-14-4 条规定，“如解雇没有实

① 林嘉，杨飞．劳动合同解除中的经济补偿金、违约金和赔偿金问题研究．见：林嘉．劳动法评论．2005．51

② 黄越钦．劳动法新论．北京：中国政法大学出版社，2003．158

③ 英国制定法中，在因不公平解雇而引起的金钱赔偿中，“基本补偿”是对劳动者丧失工作的损失金额进行的补偿；“赔偿性补偿”在于弥补劳动者因被解雇而遭受的未来收入丧失、退休金损失等其他财产损失；“额外性补偿”是指雇主不服从法院复职或者重新雇佣的命令或者歧视性解雇，法院命令雇主向劳动者支付的额外补偿；“特殊补偿”是指因解雇符合法定特殊原因的一种附加的金钱补偿。参见：Alison Bone & Marnah Suff．Essential Employment Law（second edition）．Wuhan University Press，2004，p148～150

④ Alison Bone & Marnah Suff．Essential Employment Law（second edition）．Wuhan University Press，2004，p149

际、严肃的理由，法院得提议让该受薪雇员重返企业，其已取得利益予以保留。如当事人一方或另一方拒绝此建议，法院须同意给予该受薪雇员补偿金。该项补偿金不得低于其最近 6 个月的工资，且不影响在必要时间给以第 L122-9 条所指之补偿”。[①] 可见，法国对违反解雇事由而实施的解雇，雇主所要支付的赔偿金与经济补偿金可以并列存在，并不互相冲抵。

应当说，将违法解除或者终止的赔偿金与经济补偿金并列适用，有一定的合理性。经济补偿金的法定义务性质与赔偿金的法律责任性质本身没有冲突，两者适用范围上也没有重叠，似乎应各行其是。然而，就功能上考量，违法解雇的赔偿金与经济补偿金之间则存在着一定的矛盾。经济补偿金是合法解雇下劳动者获得的金钱利益，是用人单位对劳动者失去工作的一种法定帮助性质的救助；而违法解除或者终止的赔偿金作为一种法律救济手段，是对劳动者非正常失去工作的一种损失的补偿。可见，两者在功能上的差别主要在于经济补偿金是在合法状态下解雇获得的失去工作补偿，而赔偿金是在非法状态下解雇而获得的失去工作补偿。《劳动合同法》以双倍经济补偿金作为预设标准，其内涵正在于设定了违法解雇状态下劳动者的损失为合法状态下解雇损失的 1 倍。就此而言，《劳动合同法实施条例》将经济补偿金吸收进入违法解除或者终止劳动合同赔偿金的范畴在逻辑上应当是清晰的。就具体计算而言，由于赔偿金的计算是以经济补偿金为基础，限制经济补偿金支付标准的 3 倍工资封顶以及支付年限 12 年封顶的两条封顶线依然应当适用于赔偿金的计算过程。

---

① 《法国劳动法典》中第 L122-9 条所指之补偿为：订立不定期劳动合同的劳动者为同一雇主不间断服务工龄超过两年的情况下被解雇，有权获得最低额度的解雇补偿金。参见：法国劳动法典. 罗结珍译. 北京：国际文化出版公司，1996. 29～33

第七章

违法解雇的法律救济

第一节　违法解雇的界定和效力

一个合法的解雇，应当符合法律有关解雇形式要件和实质性要件的要求。一般来说，对于解雇合法性的审查，不仅要考察解雇实质上的正当性，还要考虑解雇在形式上有无瑕疵。① 但是，由于各个国家法律在解雇要件上差异巨大，因此在对不合法的解雇进行界定的时候所指代的内涵也不大相同。英国法、美国法和法国法在对不合法解雇的认定上，差异就非常明显。

英国法存在普通法上的非法解雇（wrongful dismissal）与制定法上的不公平解雇（unfair dismissal）两个系统。由于普通法上的解雇并没有要求雇主提供解雇的正当理由，因此解雇事由的存在与否并不影响解雇的效力。"普通法关心的只是资方是否遵循了解雇的通知程序；至于解雇的原因何在及其对错与否，法院拒绝作出任何裁决。"② 由于非法解雇主要针对的是雇主是否违反了劳动契约中有关预告期等解雇程序，其实际意义上属于"违约解雇"，因此对非法解雇的救济形式就是被解雇劳动者因非法解雇而遭受的损失，其计算方

---

① 郭玲惠．解雇合法性及其关系企业之态样．劳动法裁判选辑（一）．台北：元照出版公司，1999．71

② 蔡红．英国劳动法的不公平解雇及其法律救济．欧洲，2002（2）

式以契约中雇主应给劳动者预告期之全部工资为准。而不公平解雇是因制定法而产生，其目的在于克服非法解雇保护劳工权益的不周。不公平解雇的成立并非因雇主的行为违反劳动契约而是因为违反了制定法的规定，其对解雇事由施加了更多的关注。在对不公平解雇的认定上，制定法主要有三个步骤，第一个步骤确认提请不公平解雇者具有制定法上被解雇者的资格；第二个步骤为确认解雇事由是否具有正当性；第三个步骤是审查资方解雇的实质公平性与解雇程序的公平性。① 雇主因违反制定法上有关解雇事由和解雇程序公平性的规定都会被产业法庭认定为不公平解雇，进而适用制定法上特别规定的复职、再雇佣以及金钱赔偿的救济方式。

有关不合法的解雇，在美国劳动法上有不当解雇（wrongful discharge）的概念。由于美国法律主要采用任意雇佣原则，一般并不对雇主的解雇施加约束，因此不当解雇的概念主要是针对违反美国法中有关解雇的例外性限制而言的。“一般认为，不当解雇是指雇主基于与员工的能力或行为以及雇主的经济效益状况等因素没有任何关联的理由进行的解雇，包括基于员工参与工会组织、参加罢工等产业行动以及基于性别、年龄等各方面歧视性原因所导致的解雇。”② 自从1959年加利福尼亚上诉法院在 Petermann v. International Brotherhood of Teamsters 案中创造了“不当解雇”，在其后几十年中，美国大约 3/4 的州认可了这个概念。③ 美国法中任意解雇的例外主要集中在解雇事由，除了团体契约中约定的内容之外，主要包括个别契约中的默示条款以及诚实信用原则和公共政策原则。这些任意解雇的除外性内容或者通过判例存在于普通法中，或者存在于联邦以及各州的成

---

① Alison Bone & Marnah Suff. Essential Employment Law（second edition）. Wuhan University Press，2004，p121～140

② 胡立峰. 美国劳动法对雇主不当解雇行为的规制：渊源、发展与反思. 环球法律评论，2009（1）

③ John B. Dudrey. Damage Control：Two Proposals to Limit the Reach and Effect of Oregon's Wrongful Discharge Tort. Lewis & Clark Law Review，2008，vol. 12，p207

文法中，背离这些限制性内容而实施的解雇会被法庭认定构成不当解雇。随着任意雇佣原则在美国法中逐步的衰退，美国国会也开始逐步通过联邦的成文法直接对解雇程序进行限制。1988 年美国国会通过了《劳工调适及再训练预告法》（Worker Adjustment and Retraining Notification Act），其中规定雇主大量解雇前 60 天必须向工会组织、受影响的受雇者、政府相关部门进行预告通知。雇主不履行预告通知义务的，劳动者可以向法院起诉以对雇主课以民事性质的惩罚金，并可以要求败诉的雇主支付律师费用。① 可见，在美国法中的一些解雇领域，不当解雇的触角也已经超出解雇事由例外规范的范畴，开始延伸至对于解雇形式的要求。

现代法国的劳动法，扬弃了传统的“禁止解雇权滥用理论”，采用了比较严格的“正当事由说”。正当事由说的存在，使违法解雇诉讼中证明解雇合法性的举证责任由雇主来承担，若雇主未能主张解雇理由是基于“实际的严肃的理由”，则解雇违法。《法国劳动法典》在不合法解雇的处理上较为特殊的地方在于，对违反解雇实质要件和形式要件的解雇情形分别进行了规定。依据《法国劳动法典》，缺乏“实际的严肃的理由”的解雇将会导致复职以及金钱赔偿（最低 6 个月工资）的法律责任。而对于形式解雇要件的违反，如果仅仅是未遵守解雇程序且符合解雇事由的解雇，法院责令雇主向受薪雇员支付不超过一个月的工资补偿；违反经济性原因解雇要求的法定程序，按照受薪雇员的损失情况支付赔偿；对于不遵守优先雇佣的解雇，赔偿金的额度不得低于两个月工资。② 从这种违法解雇法律责任的区分对待中可以看出，法国法在雇主承担的违法解雇责任上，违反解雇事由比违反解雇形式的责任更重。

我国《劳动合同法》中的违法解雇，是指用人单位违反《劳动合

① 焦兴铠．美国大量解雇劳工保护法制之研究．台湾劳动法学会学报，2004（3）．95

② 法国劳动法典．罗结珍译．北京：国际文化出版公司，1996．32～33

同法》中的法定解雇要件而与劳动者解除劳动合同。我国劳动立法对用人单位单方面解除劳动合同设定了多重的限制性条件：法定的解雇事由、禁止性解雇事由、解雇预告期、通知被解雇者、工会协商程序、向被解雇者支付经济补偿金等。这些限制性条件共同构成了用人单位的法定解雇义务，其中有的解雇义务以作为的形式，而有的解雇义务以不作为的形式表现出来。当用人单位违反法定义务而实施解雇，应当承担恢复劳动关系或者支付赔偿金的法律责任。从性质上来讲，我国的违法解雇更接近于英国法的不公平解雇，是对成文法规定的解雇义务的违反。然而，劳动合同所具有的私法属性，使劳动关系的结束过程中经常会出现约定义务。例如，双方当事人在劳动合同中约定解除劳动合同的一方应当向对方支付一定数额的金钱作为补偿，此内容应当被认定为违约金。劳动者与用人单位的违约金约定，在《劳动合同法》中应分别加以对待。由于《劳动合同法》严格规定了劳动者的违约金仅限于服务期与竞业禁止范畴，因此对于劳动者支付解约违约金的内容应当是无效的；但《劳动合同法》并没有限定用人单位支付违约金的范围，因此用人单位的违约解雇应当向劳动者支付违约金。作为违反约定义务的一种法律责任，违约金虽然没有被吸收进入《劳动合同法》违法解雇的范畴中，但在法理上和实践操作中应当认可其有效性。

有关不合法解雇的法律效力，随着解雇理论的演化也发生着很大的变化。在完全贯彻"解雇自由理论"的时代，由于无"不合法"可言，解雇自然均发生法律效力。而在"禁止解雇权滥用理论"初期，很多国家实际上也并不否认违法解雇的有效性。法国早期对解雇权的滥用就是以侵权责任作为理论基础的，违法解雇仅仅是"请求侵权行为为损害赔偿之原因"，解雇并非无效。[①] 然而，进入现代社会以来，正当事由说在理论上的确立使违法的解雇不再产生法律效力。"雇主

① 王能君. 日本解雇权滥用法理与整理解雇法理. 台湾劳动法学会学报，2004 (3). 52

对劳工为解雇之意思表示不论合法违法，一律立即生效，并且形成效力，此种规定为现代工业国家所扬弃，事实上雇主为解雇之意思表示时，其意思表示有可能合法，但有可能非法，从保护劳工之立场，甚或维护劳资关系和谐之立场，在法律机制上均应有审查其意思表示合法与否之程序。”[①] 在贯彻正当事由说的国家，几乎均认定违法解雇不具有法律效力，劳动关系应继续存续。现在，即使在施行“禁止解雇权滥用”理论的日本，“解雇无效”也成为其解雇法理的一个基本特征之一。[②]

第二节 违法解雇的法律救济方式

作为违法解雇的必然逻辑结果，雇主应当承担其法律行为的不利后果——法律责任。所谓法律责任，“是国家强制违法者做出一定行为或禁止其做出一定行为，从而补救受到侵害的合法权益，恢复被破坏的法律关系（社会关系）和法律秩序（社会秩序）的手段”[③]。在解雇保护中设定法律责任，一方面在于弥补劳动者因非法解雇而导致的损失，另一方面则可以起到对雇主不法解雇行为的阻吓以抑制解雇权滥用。以各国法律对于不合法解雇的处理来看，违法解雇的雇主承担的法律责任方式有：恢复劳动关系、金钱赔偿、行政罚及刑罚。这些法律救济方式主要是通过司法途径来获得的，也有个别国家通过劳动行政机关以行政途径获得。部分国家或地区对不合法解雇的救济措施见表 4。

---

① 黄越钦．劳动法新论．北京：中国政法大学出版社，2003．165

② 王能君．日本解雇权滥用法理与整理解雇法理．台湾劳动法学会学报，2004（3）．51

③ 张文显．法哲学范畴研究．北京：中国政法大学出版社，2001．127

表 4[①]　　部分国家或地区对不合法解雇的救济措施

国家	就不合法解雇所做的补偿	赔偿款项	对雇主的罚则
英国	（1）复职；或（2）重新雇佣；或（3）赔偿	主要包括基本赔偿额、赔偿性补偿和额外性补偿。（1）“基本补偿”是对劳动者丧失工作的损失金额进行的补偿，最高30周周薪约11 400英镑；（2）“赔偿性补偿”在于弥补劳动者因被解雇而遭受的财产损失，最高约65 300英镑；（3）“额外性补偿”是指雇主不服从法院复职或者重新雇佣的命令或者歧视性解雇，法院命令雇主向劳动者支付的额外补偿，最高52周周薪约19 760英镑。	不适用
法国	（1）复职；或（2）赔偿	（1）解雇事由不正当且雇主拒绝员工复职，向被解雇雇员支付不低于6个月的工资，该支付并不影响经济补偿金的支付；（2）解雇事由正当但违反一般解雇程序，雇主向受薪雇员支付不超过1个月的工资补偿；（3）因经济原因的解雇未遵守法定程序，判令支付给雇员所受损失的赔偿金；（4）违反优先再次雇佣的规定，判令向雇员支付不低于2个月工资的赔偿	罚金；或/及6个月监禁
美国	（1）复职；或（2）赔偿；及/或（3）向雇主采取惩罚措施	（1）一般而言，赔偿按照工资或者薪金或者联邦及各州法规做出；法院还会考虑雇员的年龄、找到类似工作的可能性及其花销等；（2）向有雇佣合约的员工支付：合约中约定的赔偿、惩罚雇主以阻吓其日后重犯的金额、拖欠赔偿而支付的利息以及律师费用	根据相关法规

① 本表由香港特别行政区立法会资料，http://www.legco.gov.hk/yr07-08/chinese/sec/library/0708in25-c.pdf，2010-02-18，以及英国、法国、德国、瑞典等国劳动法的相关资料收集整理而成。

续表

国家	就不合法解雇所做的补偿	赔偿款项	对雇主的罚则
德国	(1) 复职；或 (2) 赔偿	若继续劳动合同不可期待，支付的赔偿金一般不超过雇员 12 个月工资；若雇员满 50 岁且劳动关系存续 15 年以上，赔偿额最高可达 15 个月工资；雇员满 55 岁且劳动关系存续 20 年以上，赔偿额最高达 18 个月工资	不适用
韩国	(1) 复职；或 (2) 赔偿；及 (3) 向雇主采取惩罚措施	(1) 劳工委员会要求雇主支付不少于解雇期间雇员正常工作的工资以替代复职；(2) 雇主若不遵守补偿令，须缴纳不少于 2 000 万韩元的罚款	最高监禁 5 年，或罚款不超过 3 000 万韩元
澳大利亚	(1) 复职；及/或 (2) 赔偿；及/或 (3) 向雇主采取惩罚措施	赔偿额最高 6 个月薪金	最高罚款 10 000 澳元
瑞典	(1) 继续劳动关系；或 (2) 赔偿	雇佣期不到 5 年，赔偿 6 个月工资；5 年以上 10 年以下，赔偿 24 个月工资；10 年或者 10 年以上，赔偿 32 个月工资。最低支付赔偿额度为 6 个月工资	不适用
中国（大陆地区）	(1) 继续履行劳动合同；或 (2) 赔偿	赔偿额度为经济补偿金标准的两倍	不适用
中国（台湾地区）	(1) 复职；(2) 向雇主采取惩罚措施	不适用	罚款最高不超过 3 万元新台币

一、恢复劳动关系

按照“正当事由说”的逻辑结构，不合法的解雇行为不发生法律效力。由于违法解雇不产生法律上的解雇效果，自然原有的劳动契约应当继续履行。所以，大多数国家都将恢复劳动关系作为弥补违法解雇的第一个救济措施。

对于劳动关系的恢复，多数国家都称之为复职（reinstatement）。但是在英国的不公平解雇中，对劳动关系的恢复有两种方式：复职以及重新雇佣（re-engagement）。对于复职，英国的不公平解雇认为是"要将雇员完全恢复至仿佛他没有被解雇之前的位置，例如，未付的工资、该增加的工资、工龄等全部恢复"①。而英国法的重新雇佣则较为灵活，是指在法院认为做出复职决定有困难时，让劳动者回到原雇主那里从事与原来工作相关的工作而非原职位，但雇佣条件不得低于原职位。英国法的这种区分实际上将恢复劳动关系划分为恢复至原职位和恢复至其他职位。要使用恢复劳动关系这种救济方式，在要件上应当满足一个最基本的条件，即恢复劳动关系是可行的。若出现阻碍劳动关系恢复的情形，如劳动者资质欠缺、雇主组织单位的变更等，将可能使恢复劳动关系的救济落空。在英国制定法上，"重新雇佣是否具有可行性是由雇主提出来的，雇主掌握着充分的主动权。"②

适用劳动关系的恢复这种救济手段，其前提之一在于违法解雇已经导致了劳动关系的中断。但在有些国家的法律中，出于对被解雇者的保护，在诉讼程序上会设计相应的制度来保证劳动关系即使在非法解雇时依旧能够存续。在德国的《解雇保护法》中，员工委员会的听证是解雇员工的必经程序，若企业委员会提出解雇异议，员工享有继续雇佣的请求权。"在企业委员会按照规定提出异议的情况下，如果雇员在规定时效内提起解约保护之诉，那么雇主有义务在解约届满后直到解约法上争执依法结束，根据其要求按照劳动条件不变的要求继

① Alison Bone & Marnah Suff. Essential Employment Law (second edition). Wuhan University Press, 2004, p147

② 谢德成，穆随心. 英国劳动法限制解雇制度. 中国劳动，2005 (6)

续雇用雇员。"[①] 雇员一旦在解雇通知到达的 3 周之内提起解雇无效之诉，雇主则要满足雇员的继续雇佣请求权，不得中断劳动关系。在瑞典的《就业保护法》中，对于预告解雇和即时解雇，若被解雇雇员提起解雇无效的诉讼，在最终司法判决之前，法院可命令雇主不得终止雇佣关系。[②] 因此，在瑞典和德国劳动法中，并非所有的违法解雇都需要恢复劳动关系这种救济方式，在一些条件满足的情况下，劳动关系并没有因为违法解雇而终止。我国台湾地区也有类似制度，劳动者诉请定暂时状态之假处分，而在诉讼期内暂时维系雇佣关系。[③]

一旦劳动关系因为违法解雇而终止，而之后司法机构又认定该解雇无效，劳动关系的恢复还会产生一个非法解雇期间劳动者损失的补偿问题，这个问题是随着劳动关系的恢复而带来的。在德国法上，由于劳动契约是雇佣契约的下位概念，因此劳动契约的终止可以准用德国民法的规定。在解雇无效、劳动关系继续存在的情况下，劳动者可以依德国民法的规定提出无效解雇期间的工资支付请求权。这个工资支付请求权的基础来自德国民法第 615 条受领迟延的规定："雇用人迟延受领劳务的，义务人可以就因迟延而未提供的劳务请求约定的报酬，而不负有补充提供劳务的义务。但义务人必须承受将其因不提供劳务而节省的或因将其劳务移做他用而取得的或故意不取得的利益的价额抵作报酬。"[④] 由于雇主无效解雇致使劳动关系中断，拒绝受雇者就业，构成劳务受领迟延，对于违法解雇期间的工资损失，被解雇者可以以劳务受领迟延之民法规定请求雇主支付违法解雇期的工资收入。依据传统民法理论的见解，雇主受领迟延应当具备三个基本要件："（1）劳工必须有劳务给付之提出；（2）劳工必须具备劳务给付能力与给付意愿，此二者合称为给付准备；（3）雇主有未受领劳务给

① ［德］W. 杜茨. 劳动法. 张国文译. 北京：法律出版社，2005. 138

② 叶静漪，Ronnie Eklund. 瑞典劳动法导读. 北京：北京大学出版社，2008. 147～148

③ 黄程贯. 劳动法（修订版）. 台北：空中大学出版社，1996. 494

④ 德国民法典. 杜景林，卢谌译. 北京：中国政法大学出版社，1999. 153

付之单纯事实。”[①] 由于储存于劳动者体内的劳动力随时间而消逝，并不能储藏，因此在雇主受领迟延的情况下受雇人无补偿劳务之义务，仍可以请求雇主对待给付，即支付工资。无效解雇时雇主受领迟延的劳工工资请求权在德国劳动法院的司法判决中得到广泛认可，其本身是对违法解雇采取恢复劳动关系这种救济方式所带来的一种必然结果。这种对被解雇劳动者的赔偿方式，虽然形式上也表现为金钱的支付，但它是伴随恢复劳动关系而产生的，区别于雇主不履行恢复劳动关系时向劳动者支付赔偿金的救济方式。日本与我国台湾地区的民法承继德国，其司法判决在无效解雇劳工工资请求权的问题上，见解也与德国相同。实际上，英国不公平解雇的复职，从含义上看，也包含了对“未付工资的支付”内容，认可对劳工这部分损失的补偿。瑞典、法国等国的法律中也都规定解雇无效、恢复劳动关系时雇员可以请求雇主支付停职期间受损失的工资。

二、金钱赔偿

恢复劳动关系的选择如果遇到来自双方当事人的障碍而无法继续的时候，金钱赔偿就是一个更为常见的法律救济方式。使用金钱赔偿的方式替代恢复劳动关系进行法律救济，则违法解雇固然无效，劳动关系也被视为终结。

金钱的赔偿主要在于弥补不能复职的情况下违法解雇给劳动者所带来的财产损失，但是从表 4 中的列举可知，各国对于金钱赔偿所采用的标准可谓各行其是。英国的制定法主要是拆解了劳动者的损失构成，将违法解雇给劳动者带来的损失划分为：基本补偿、赔偿性补偿和附加性补偿的赔偿金三种类型，分别计算各自应当支付的额度，既精细又复杂。美国在确定违法解雇赔偿额度的时候则会综合考虑多种影响因素之后统一赔偿额度。“在美国判例中，法院通常需要考虑四大因素：雇员的年龄以及找到类似工作的可能性，工资以及津贴等其

---

① 黄程贯．解雇无效时雇主受领迟延问题．劳动法裁判选辑（二）．台北：元照出版公司，1999．130～131

他无形的福利，原告找到新工作需要的花销，原告重新找到工作之前合理期间可以获得的诸如汽车、保险等额外福利的重置价值。”① 另外，劳动契约中的赔偿额度约定、对雇主的惩罚性以及律师费用开支等内容也被纳入美国法的赔偿范围中。而法国法则区分了违反解雇规定的内容，针对违法解雇的“违法情形”进行了细致划分，对于解雇违反实质性要件和形式性要件的不同情形设置了不一样的赔偿额度。各国的赔偿制度中，最为普遍、也最为简单的一种赔偿额计算方式是将违法解雇的金钱赔偿与被解雇者的月工资挂钩，并在考虑工作年限之后确定赔偿额的支付。我国经济补偿金标准为两倍的赔偿额度，实际上也是以工作年限与月工资作为计算标准的。

三、行政罚与刑罚

作为对违法解雇最为严厉的一种惩罚，行政处罚甚至刑事处罚在实践中是比较少使用的。其适用条件主要针对的是违反劳动法中的禁止性规定，并不一定要求有损害的发生。如在我国台湾地区“劳动基准法”中，雇主如违反女性员工怀孕期间、职业灾害医疗期间禁止解雇劳动者规定的，将被处以 3 万元以下的罚款。

第三节　我国违法解雇法律责任的反思

我国违法解雇的法律责任，经历了劳动法时代和劳动合同法时代的演变。在 1994 年的《劳动法》第 98 条中，违反劳动法有关劳动合同解除规定的，由劳动行政部门责令改正；对劳动者造成损害的，应当承担赔偿责任。《劳动法》以劳动行政部门责令改正的方式来恢复劳动关系的规定过分强调了行政机关对劳动关系的干预，忽视了劳动关系在本质上依然是一种契约化的社会关系，这反映出当时的立法还没有完全摆脱过分公法化的痕迹。对于违法解雇的损害赔偿，在 1995 年劳动部发布的《违反〈劳动法〉有关劳动合同规定的赔偿办

① 谢增毅. 对劳动合同法若干不足的反思. 法学杂志，2007（6）

法》（劳部发［1995］223号）中，造成劳动者工资收入损失的，按劳动者本人应得工资收入支付给劳动者，并加付应得工资收入25%的赔偿费用。在这个部门规章中，25%赔偿的加付部分很明显体现了赔偿金的惩罚性质。除此之外，根据该办法，用人单位还应支付劳动者劳动保护待遇、工伤待遇损失、医疗损失以及劳动合同约定的其他应给予赔偿的损失。

2007年的《劳动合同法》在第48条和第87条中重新确立了我国违法解雇的法律责任形式：用人单位违反劳动合同法规定解除或者终止劳动合同的，劳动者要求继续履行劳动合同的，用人单位应当继续履行；劳动者不要求继续履行劳动合同或者劳动合同已经不能继续履行的，用人单位应当依照经济补偿金的两倍标准支付赔偿金。

一、有关继续履行劳动合同

在《劳动合同法》中，劳动合同的继续履行与赔偿金的支付是劳动者不能兼顾的两个选择。如同大多数国家一样，我国的《劳动合同法》是将劳动关系的恢复作为违法解雇的第一顺位救济方式。以恢复劳动关系作为优先考虑的选项，一方面这是认定违法解雇为无效解雇的必然逻辑结果，另一方面也反映了立法者追求就业安定的良苦用心。

作为对违法解雇的救济方式，我国《劳动合同法》使用的是“继续履行劳动合同”的语言表述。由于我国并没有德国法以及瑞典法的“无效解雇异议期间劳动关系继续存续”的制度，违法解雇一旦做出，劳动关系自然发生实际意义的中断，劳动者对于违法解雇应通过启动劳动争议机制加以解决。待通过劳动争议解决机制确认解雇违法，被解雇者可能已经经历了漫长的等待期间。从违法解雇做出到解雇最终被司法机构认定无效，劳动者多数情况下是处于失业状态的。若最终劳动者主张“继续履行劳动合同”，那么对于此期间劳动者的工资损失和其他财产损失是否应当进行补偿？由于违法解雇不具有法律效力，劳动关系从理论上而言应当是继续有效存续的，用人单位单方面违法中断劳动关系所带来的劳动者财产损失应当纳入“恢复劳动关系”的内容中来。其实，在《劳动法》第98条中，劳动行政机关责令用人单位对违法解雇进行改正与对劳动者的损害赔偿是一种并存关系，据此，劳动者在恢复劳动关系的同时可以主张用人单位对违法解雇期间的工资以及其他财产损失进行赔偿。而《劳动合同法》对违法解雇法律责任的改造，由于采用了“继续履行劳动合同”这种表述而非“恢复劳动关系”或者“复职”，实际上间接回避了非法解雇期间劳动者损失的补偿问题。因为“继续履行劳动合同”的起算点很明显应当是从违法解雇被认定后、劳动者提出继续履行要求的时点开始计算的。严格按照文义解释，此种救济方法中并未涉及非法解雇期间被解雇者的财产损失问题。由于我国民法中并不存在像德国民法雇佣契约受领迟延的类似规定，劳动者另以民事损害赔偿的方式提起违法解雇期间工资收入的请求权之诉也缺乏法律依据。应当说，《劳动法》将劳动者违法解雇的损害赔偿与恢复劳动关系并存适用是有其合理性的，因为单纯以“继续履行劳动合同”作为对违法解雇的救济方式很明显并不能完全弥补违法解雇给劳动者所造成的损失，劳动者因为违法解雇而丧失的工资等合法收入作为可期待利益也应当成为劳动关系恢复的内容。若违法解雇发生之后，用人单位仅仅承担“继续履行劳动合同”的法律责任而不对违法解雇期间劳动者的损失进行补偿，无疑是在鼓励用人单位进行非法解雇。虽然在实际操作中，劳动仲裁委员会与法院多数都会判令用人单位支付违法解雇期间的工资，但是这种判决的法律依据在成文法中尚无法觅得出处。因此，针对《劳动合同法》对此问题的混沌规定，应通过立法或者司法解释的方式，一方面肯定“继续履行劳动合同”是对包括工资、岗位、工龄、劳动待遇等劳动关系内容的全面恢复，另一方面则应肯定劳动者在恢复劳动关系的同时，有权主张对非法解雇期间工资收入等损失请求损害赔偿。

从一些国家的经验来看，劳动关系的恢复虽然是违法解雇的首要的救济途径，但却不是最为重要的，其对违法解雇救济的贡献率很低。在英国不公平解雇中，“实际上，复职或者重新雇佣的命令是极少被法庭做出的，在最终判决的案件中，其比例只占到1%。雇佣关系的恢复有时候也被认为是‘失去的救济’”[①]。在德国法中，司法实践中大部分解雇诉讼都是雇主向雇员支付赔偿金的方式终结。[②] 劳动关系的恢复之所以不能成为违法解雇的主要救济方式，正在于劳动关系的人身属性。违法解雇的发生会对劳雇之间的人身信任感产生巨大的破坏力，即使劳动关系的恢复也无法缓解已经产生的这种紧张与压抑，这致使劳雇的双方实际上都不太愿意接受劳动关系恢复这种救济方式。从法律的构成要件上来说，我国《劳动合同法》上的“继续履行劳动合同”需要具备三个基本的条件：（1）存在违法解雇的事实；（2）劳动者提出继续履行；（3）用人单位有条件继续履行。由于我国法律并未对继续履行的条件做出说明，除非用人单位能够举证劳动者资质欠缺或者原有组织机构已被撤销等阻碍劳动关系履行的客观原因，仅单纯以原有工作职位已被新员工替代等缘由作为抗辩，很难说服劳动仲裁员或者法官不采纳劳动者要求继续履行的请求。因此，违法解雇能否适用继续履行劳动合同的救济途径很大程度上取决于劳动者自身的态度。现实中，劳动者之所以选择继续履行劳动合同而非金钱赔偿的方式，多半因为此类型的工作岗位及其待遇在劳动力市场上已很难寻觅，但如果仅凭劳动者个人意愿执意来恢复劳动关系，未必会产生立法所期待的劳动关系和谐的结局。在轰动一时的思科解雇案中[③]，员工李小姐被思科中国公司违法解雇恢复劳动关系之后又两度解雇，这反映出被违法解雇的员工恢复劳动关系之后在用人单位的尴尬境地。实际上，由于劳动关系的恢复涉及已经破裂的劳动关系的修复，必然牵扯雇员与雇主的双方利益，仅仅考虑劳动者自身的意愿不尽合理。在《法国劳动法典》中，对于法院恢复劳动关系的提议，劳雇中的任何一方均有权拒绝。[④] 英国的不公平解雇，劳动关系的恢复

① Alison Bone & Marnah Suff. Essential Employment Law（second edition）. Wuhan University Press，2004，p148

② 黄卉．德国劳动法中的解雇保护制度．中外法学，2007（1）

③ 赵竺安．思科中国被疑两度设局解雇女员工惹争议．上海劳动报，2010-2-8

④ 法国劳动法典．罗结珍译．北京：国际文化出版公司，1996．32

要以可行性而非可能性作为判断的基础。在 Port of London Authority v Payne（1994）案中，上诉法院认为雇主的商业性判断也应在恢复劳动关系时被考虑进去。[①] 英国制定法中，即使雇主对于法院做出的恢复劳动关系的命令拒绝执行，也不会被视为蔑视法庭，仅需多承担额外性的补偿而已。我国《劳动合同法》对“继续履行劳动合同”的适用，由于只取决于劳动者自身意愿且在实务判决中支持劳动者诉请违法解雇期间工资的要求，理性的劳动者在比较诉讼利益之后大多会选择恢复劳动关系的救济途径而舍弃赔偿金。2007 年《劳动争议调解仲裁法》关于延长劳动争议时效期为 1 年的规定，使更多的劳动者（尤其是工龄较短的劳动者）倾向于选择劳动合同继续履行＋违法解雇期间工资作为主要救济模式，本应成为主要救济途径的赔偿金反而成为实际意义的“备选项目”。因此，从法律救济的实际效果出发，我国的立法在“继续履行劳动合同”的问题上，应赋予用人单位拒绝权，同时增设用人单位拒绝“继续履行劳动合同”的赔偿责任，以引导双方当事人选择恰当的救济途径。在我国目前法律的限度内，在确认“继续履行条件”的时候，应从执行层面适当考虑用人单位的重新雇用意愿与继续履行的可行性，避免使劳动者陷入类似思科解雇案中救济失当的窠臼。

二、有关违法解雇赔偿金

在我国的《劳动合同法》中，违法解雇赔偿金主要是作为替补“继续履行劳动合同”这种救济方式而使用的，在劳动者不要求继续履行劳动合同或者劳动合同已经不能继续履行的，用人单位应当依照经济补偿金的两倍标准支付赔偿金。较之《劳动法》时代粗线条的规定，《劳动合同法》以解雇经济补偿金作为标准预设了赔偿金的支付额度，使赔偿金的计算更加清晰与简洁，也控制了赔偿金的支付上限。但是，双倍经济补偿的赔偿金并非适用于所有违法解雇的情形。

---

① Alison Bone & Marnah Suff. Essential Employment Law（second edition). Wuhan University Press，2004，p148

《劳动合同法》在第85条中对用人单位违法不支付经济补偿金的法律责任以劳动行政部门责令用人单位支付以及逾期不支付加付50%至100%赔偿金的方式表现出来，明确排除了对双倍经济补偿赔偿金的适用；《劳动合同法》第89条还规定了用人单位未向劳动者出具解除或者终止劳动合同的书面证明的，由劳动行政部门责令改正；给劳动者造成损失的，应当承担赔偿责任，这很明显也是违反解雇随附义务的一种独立的法律责任。此外，如前所述，对于违反30天预告期期限的解雇，《劳动合同法》自身的规定已经暗示"1个月工资"的代通金是不履行预告期义务的法律责任，此处若适用双倍经济补偿的赔偿金，将出现法律逻辑上的悖论与处理上的失当。

以经济补偿金的两倍作为赔偿金的支付额度，其本质上是要将赔偿金的支付与劳动者的工作年限与月平均工资发生联系。以被解雇者的工作年限与月工资作为计算基础也是国际上确定违法解雇赔偿金较为普遍采用的一种模式。虽然有学者批评以经济补偿金的两倍作为赔偿金的支付标准使"赔偿金额固定化，且赔偿标准低下，极有可能使《劳动合同法》有关鼓励用人单位和劳动者订立无固定期限劳动合同以及严格限制雇主解除劳动合同的努力落空"[①]，但是仔细分析，我国赔偿金的计算方式还是具有一定合理性的。首先，以经济补偿金作为计算基础，劳动者工作年限越长，赔偿金的支付额度则越高，这与德国、瑞典等国的赔偿金计算模式是相似的。这种计算模式认为违法解雇主要是破坏了固有劳动关系的稳定性，因此赔偿金额应当主要针对这种破坏性的大小而做出，随着劳动者工作年限的增加提升赔偿额度基本上是符合这种设计理念的。其次，由于我国一个工作年限1个月工资的经济补偿金支付标准在国际上处于高位，双倍计算之后的赔偿金与其他国家横向比较实际上也并不低。以雇用期间为8年的劳动者来计算，我国违法解雇的赔偿金可以达到16个月平均工资，介于采用同样计算模式的德国与瑞典之间（德国最高为12个月工资，瑞

---

① 谢增毅. 对劳动合同法若干不足的反思. 法学杂志，2007（6）

典为 24 个月工资）。再次，双倍经济补偿金的计算标准既体现了对违法解雇的惩罚性，又限制了赔偿的支付上限。合同解雇状态下劳动者获得的经济补偿金与非法状态下获得的赔偿金比例为 1∶2，非法解雇状态下劳动者要获得最终的救济需要经受司法程序的煎熬以及精神和身体上的双重压力，甚至还包括人格利益的损害。以多出一倍经济补偿金作为赔偿额不仅具有弥补损失的功能，还有对用人单位违法性解雇的惩罚意味。以经济补偿金作为计算基数还利用了其对畸高收入人群的矫正功能，应当说是一个较为妥当的选择。

第八章

中国解雇制度的承继与发展

我国的解雇制度基本上是按照西方的无固定期限劳动合同设计完成的。之前所讨论的以解雇事由、解雇程序以及解雇经济补偿等社会法规范对解雇权所施加的约束与限制在西方主要应用于无固定期限劳动合同，而在中国则并没有区分的适用于所有劳动合同期限类型。可以说，中国解雇制度的建立与完善始终都与劳动合同期限制度的变化密切联系在一起。在劳动关系市场化、社会化的进程中，我们不仅移植了西方有关解雇保护的法律规范，而且形成了有鲜明本土特色的解雇法治资源。中国解雇制度的发展，注定是一种承继传统的发展，是一种“传承”与“突围”的演进。

第一节　解雇权限制与劳动合同期限制度

以劳动合同期限为标准，我国的劳动合同被划分为固定期限劳动合同、无固定期限劳动合同与完成一定工作任务为期限的合同。由于完成一定工作任务为期限的合同一般也可以被视为一种固定期限劳动合同，因此，劳动合同的期限一般就是固定期限与不固定期限两种。

作为对传统“固定工”形式的一种改革，我国在20世纪80年代开始推行劳动合同制度，在劳动关系领域以合同调节取代过去的行政式管理，以建立一个以市场化调控为主的用工模式。在这个新型用工模式建立的过程中，随着 1994 年《劳动法》的颁布，逐步形成了一个以固定期限劳动合同为主、无固定期限劳动合同为辅的劳动合同期限架构。在当时，为了实现改革的平稳过渡，无固定期限劳动合同更多地负担了福利性功能。由于无固定期限的劳动合同不因到期而终止，《劳动法》要求 10 年以上工龄的老职工应订立无固定期限劳动合同的强制性规定，主要体现了对老职工的一种法律意义上的“照顾”。“定期合同在相当程度上保留了私法的传统因素，而不定期合同很大程度上集中体现了社会法的基本要求。”[①] 由于固定期限劳动合同是用人单位与劳动者对合同期限的一种预先安排，集中体现了劳动关系双方主体的意思自治，其很大程度上保留了私法的属性。然而，以纯粹私法属性的固定期限劳动合同作为主流用工模式，意味着承认劳动关系双方的对等地位，这与劳动力市场信息不充分对称的事实相距甚远，也偏离了劳动关系法律调整的目的。面对劳动关系社会化改造的压力，《劳动法》最终选择让带有传统私法烙印的固定期限劳动合同承担更多的社会法责任。在劳动合同的解除问题上，《劳动法》将无固定期限劳动合同和固定期限劳动合同置于一个统一的解雇框架中，共同适用有关解雇事由、解雇程序、解雇补偿等解雇权限制的措施。

在西方国家，固定期限劳动合同一般是作为劳动合同订立的一种例外而出现的。由于固定期限劳动合同贯彻契约自由原则，双方预设了合同的存在期限，劳动关系会因为期限届满而消灭，缺乏对劳动者的保护。在劳动合同期限届满之后，劳动者须自行承担没有工作、没有收入的风险。因此，各国劳动法对于固定期限劳动合同的订立，普遍都设置了严格的认定条件，控制它的使用范围，同时限制签订期限或者次数以及规定了向无固定期限劳动合同的转化条件。

在 1999 年欧盟有关固定期限工作的 99/70 指令中，欧盟理事会要求成员国参照下列标准采取措施防止滥用定期合同：（1）证明延续

① 董保华．论我国的定期劳动合同．见：董保华．劳动合同研究．北京：中国劳动社会保障出版社，2005．109

劳动合同或劳动关系合理性的客观原因；（2）连续的定期劳动合同或劳动关系的最长的全部时限；（3）这种劳动合同或劳动关系延续的次数。[①] 德国、瑞典、法国等国已经按照欧盟指令相应修订了各自的国内法。《法国劳动法典》中的固定期限劳动合同只允许在替代性岗位、企业活动临时性增加、季节性工种以及某些特定行业依行业习惯订立，而且在任何情况下，替代因发生集体劳动冲突、劳动合同暂时中止的受薪员工以及法定的高危险性工作均不得订立固定期限劳动合同。固定期限劳动合同需要采用书面形式制定并准确表述订立此合同之原因，否则订立的合同将被视为无确定期限。固定期限劳动合同的总期限不得超过 18 个月，并且只能签订一次。劳动关系继续至合同到期日之后，合同即成为无固定期限合同。[②] 在德国，根据 2000 年生效的《非全日制和固定期限劳动合同法》的规定，只有具有下列实际理由时才能订立固定期限劳动合同：企业对该工作的需求是暂时的；固定期限紧随培训或者学业之后，是为了帮助雇员适应接下来的工作；该雇员是临时顶替另一位雇员的工作；工作的性质适合固定期限；属于试用期；由于雇员自身的原因适合固定期限；为公共机构的临时职位聘用的雇员可以得到家庭补助；基于某项判决。[③] 固定期限劳动合同的期限设定最大为 4 年，到期继续存续，会被转化为无固定期限劳动合同。瑞典 2000 年修订的《就业保护法》中，固定期限劳动合同只能在：（1）工作特殊性质；（2）临时性替代、受培训或者节假日雇佣；（3）暂时高工作量的需要；（4）雇员正等待服兵役；（5）发放养老金之后的雇佣等情形下缔结。雇主与一名雇员订立的所有雇佣合同在 3 年内受雇期总计不得超过 12 个月，否则将被视为无固定期

---

① ［英］凯瑟琳·巴纳德．欧盟劳动法．付欣译．北京：中国法制出版社，2005．467～468

② 《法国劳动法典》第 L122-1、L22-3 的规定。参见：法国劳动法典．罗结珍译．北京：国际文化出版公司，1996．20～26

③ 中华人民共和国劳动和社会保障部法制司．中德劳动和社会保障法：比较法文集．北京：中信出版社，2003．88～89

限劳动合同。[①] 可见，西方国家的劳动合同期限制度中，无固定期限劳动合同是主流形式，而固定期限劳动合同是作为一个劳动关系存在的特例被特殊性规范的。

为了防止雇主滥用固定期限劳动合同损及劳动者利益，各国一般都对固定期限劳动合同施加了更加严格的解雇限制。在日本 1998 年《劳动基准法》的修改中，除了特定工作期限，雇主不得与劳动者订立一年以上的定期劳动契约。雇主在定期契约中与劳工约定之期限届满之前，除非有不得以之事由，否则不得终止契约。须待定期契约所约定之期限届满后，雇主始得主张劳动契约关系结束。[②] 法国法中也有类似规定，《法国劳动法典》第 L122-3-8 条规定：除非当事人一致同意，定期劳动合同，只有在当事人有严重过错或在不可抗力之场合，才能在其期限未到之前予以解除，否则受薪雇员有权得到损害赔偿。[③] 与固定期限劳动合同相比，各国对于无固定期限劳动合同的解雇则采取了较为灵活的态度，在解雇理由上遵循"正当事由说"，允许雇主在满足正当事由条件下进行解约。只要解雇按照法定程序进行了提前预告，并向被解雇者支付经济补偿，这种解雇是被法律所许可的。诚如我国有些学者所言，"为了实现劳动关系稳定以促进经济发展之终极目的，固定期限劳动合同与无固定期限劳动合同选择了不同路径：前者是以严格限制解雇来维持合同静态短期的稳定，而后者以灵活的解约制度来维持一种长期动态的雇佣稳定"[④]。法律是利益的平衡器。作为国际主流用工形式的无固定期限劳动合同，一方面给劳动者提供了较为稳定的工作岗位，另一方面又许可雇主在适当条件下施行解雇，是对劳动者生存权与雇主劳动用工权矛盾的一种动态调

① 叶静漪，Ronnie Eklund. 瑞典劳动法导读. 北京：北京大学出版社，2008. 139～140

② 邱骏彦."劳基法"上定期契约与不定期契约之法律问题探讨. 劳资关系论文集. 台北：台湾晟传文化事业有限公司，2003. 95

③ 法国劳动法典. 罗结珍译. 北京：国际文化出版公司，1996. 25

④ 曹燕. 劳动合同期限制度的域外经验与本土资源. 兰州学刊，2008（5）

和；而固定期限劳动合同作为适用于特殊劳动关系状态的一种法律规范，从劳动者利益保护的角度，强化了对合同的信守，严厉禁止解雇权的滥用。

由于我国《劳动法》将固定期限劳动合同与无固定期限劳动合同一起并入解雇保护体系之中，一定程度上导致了两种期限制度的碰撞。以无固定期限劳动合同而言，严格的解雇限制配合10年工龄的法定续签，对部分劳动者严进严出，基本履行了法律授予它的社会福利功能；而对固定期限劳动合同而言，由于成为主流用工模式，对劳动者宽进严出，极易抑制用人单位的用工自主权，形成对劳动者的保护过度。虽然劳动法时代的终止制度作为一个枢纽可以部分修正固定期限劳动合同的解雇保护问题，平衡劳雇之间的利益。但是这种平衡也付出了劳动合同短期化的代价。用人单位通过大量订立固定期限劳动合同并适用宽松的终止制度结束劳动关系，形成了对劳动关系长期化目标的挑战。为了克服劳动合同短期化与劳动关系长期化之间的矛盾，《劳动合同法》摒弃了固定期限劳动合同的主流模式而转向国际通行的无固定期限劳动合同。但是，由于立法的路径依赖，这种对用工形式的重大改变并没有同时触及解雇制度的核心。

第二节　基于劳动合同期限的解雇保护改进

《劳动合同法》通过对约定终止的取消，进一步收紧了固定期限劳动合同的“出口”；通过对无固定期限劳动合同的强制性续签等内容，逐步放宽了无固定期限劳动合同的“进口”。按照正常的逻辑，在进行这样的改造之后，同时适用于两种合同期限的解雇体系应相应降低解雇难度，形成劳动关系稳定性和流动性之间的新平衡。然而，《劳动合同法》进一步强化了解雇保护的力度，在解雇事由、解雇程序以及经济补偿等方面不同程度地进行了收紧，这样一来，所有劳动合同的终结机制都对劳动者倾斜，用人单位的用工易进难出，劳动关系开始趋向凝固化。

面对解雇权限制天平的过度失衡，多位学者开出“药方”，希望以此来矫正我国解雇保护中的既存问题。有的学者认为，应在解雇理念上对无固定期限劳动合同与固定期限劳动合同进行区分，“重构我国的解雇保护制度应当从固定期限合同与无固定期限合同的双向改革入手，将固定期限合同与无固定期限合同界定成为两种与市场经济相联系的用工形式。无固定期限合同应当体现法律限定内根据各自情况可能出现的变动性，双方当事人有正当理由（应当是正当理由而不是法定理由）就可以解除合同，如果用人单位没有正当理由解雇员工则应当向员工支付经济补偿金”①。有的学者认为应当对固定期限劳动合同与无固定期限劳动合同区分开来，分别设置解除条件。“如无重大错误，禁止固定期限劳动合同双方提前解除劳动合同，尊重当事人在期限上的意思自治，对定期合同的劳动者跳槽予以合理限制。对于无固定期限合同的解除，可以适当放宽、分类规范：单位有正当合理理由时可以解雇劳动者，但要支付补偿金和遵守预告期，对于劳动者犯有严重过错时，单位可以立即解雇，不支付经济补偿金，不需遵守预告期。”②“应当借鉴其他国家的经验，在引导实行无固定期限合同的同时，还应适当放宽无固定期限合同的解除条件，使其与有固定期限合同的解除有所区别，这样既能保证公平又能兼顾效率，使劳动关系保持活力。”③也有学者认为，在单方解除框架不变的情况下，应区分无固定期限劳动合同的订立类型，视依法定条件订立与协商一致订立而采取不同的解雇保护方式。“因满足法定条件而签订的无固定期限劳动合同的解雇仍然按法定事由说适用现行规定，但对于协商一致而签订的无固定期限劳动合同，则按正当事由说另行设计解雇制度，放宽此类合同的解除条件。”④

---

① 董保华．论我国无固定期限劳动合同．法商研究，2007（6）

② 郑爱青．《劳动合同法》：个人劳动关系规范的变革与不足．华东政法大学学报，2008（6）

③ 姜颖．《劳动合同法》无固定期限合同的不足与完善．法治论坛，2009（1）

④ 彭小坤．劳动合同单方解除制度研究．北京：法律出版社，2009．162

以上所有的改造方案都注意到了我国劳动合同期限制度中两种合同的不同属性，认为统一的解雇保护模式并不适宜同时适用于所有期限的合同类型，应当对解雇制度内部或者外部进行适度调整，以协调降低无固定期限劳动合同的解雇保护力度。从形式上看，固定期限劳动合同与无固定期限劳动合同的区别仅在于合同是否约定了终止期限。但是由于我国存在劳动合同解除与终止两种劳动关系的终结机制，两种机制之间形成替代性的逻辑关系，这导致两种合同类型在劳动关系终结时的功能构造是截然不同的。由于固定期限合同存在到期终止，用人单位可以通过终止制度这个枢纽避开解雇保护的“雷区”；但无固定期限劳动合同由于无法到期终止，用人单位只能适用劳动合同解除来终结劳动关系。因此，这导致解雇权的限制在两个期限合同中的功效是完全不一样的，订立无固定期限劳动合同的劳动者实际上受到了更严格的解雇保护。“劳动合同法之所以扩大无固定期限劳动合同的适用，主要是为了解决劳动合同短期化的现象，维持劳动关系的相对稳定。”[①] 通过无固定期限劳动合同的法定强制续签和法律责任的强化，《劳动合同法》希望将这种更具有工作保障性的合同类型主流化，从而使一般的劳动者也能进入无固定期限劳动合同的射程。但是，劳动合同期限制度的转型是需要解雇制度改造的配合才能够完成的。在《劳动法》起草之初，无固定期限劳动合同的主要适用对象为国有企业的老职工，带有明显的配合国有企业改制人员安置的福利色彩。无固定期限劳动合同的引入在当时既是对原有固定工的一种承继，又是对市场化合同制改革的一种发展，完成了我国劳动关系转型时期的模式对接。无固定期限劳动合同的解雇虽然严格，但由于适用对象有限，在给需要帮助的个别劳动者提供社会法属性的工作权保障的同时，并没有破坏整个劳动关系“进”“出”的平衡。在对将无固定期限劳动合同推上主流用工模式的舞台之后，首先应当去除的就应该是原有《劳动法》体制下无固定期限本身所蕴涵的“福利化”特

① 林嘉. 劳动合同法的立法价值、制度创新及影响评价. 法学家，2008（2）

质，否则这种“福利化”的广泛推演就会导致整个劳动关系的“福利化”。无固定期限劳动合同自身所蕴涵的这种“福利化”，从表现形式上看，主要就是过于严格的解雇权限制。如果说《劳动合同法》第14条将用人单位无固定期限劳动合同的进水阀门大开之后，劳动合同解除这个出水阀门也应当相应开启，以保证建立一种与劳动力市场匹配的能“进”能“出”的人力资本流动机制。而当无固定期限劳动合同解除的阀门被越拧越紧之后，无固定期限劳动合同也就与市场化的用工模式渐行渐远。解雇权限制的适度性其实才是《劳动合同法》无固定期限劳动合同学术争鸣的真正核心所在。

因此，中国劳动合同期限制度的调整不仅涉及劳动合同的订立制度，也与劳动合同的解除与终止制度息息相关。从某种程度上讲，解雇制度的调整关乎的是整个用工机制改革的成败。无固定期限合同的推行伴随着解雇保护的收紧大大强化了劳动合同的福利色彩，并以国家责任向企业转移为基本特征。无固定期限合同的稳定性固然会使员工增强对用人单位的归属感与向心力，但其过强的福利性质也会使员工丧失进取的动力，从而使企业背上沉重的包袱。无固定期限合同的福利化特质与企业的经济职能存在着内在的冲突，当国家将自己应当承担的社会保障职能以强制续签无固定期限合同的方式转嫁给企业，而企业又无法通过合法的解雇途径化解的时候，企业的趋利本性必然使其抵制这种转嫁，方法就是将矛盾推给劳动者，其结果必然是加深了员工本已存在的两极分化。“解决劳动合同短期化问题，绝不能以牺牲双向选择的劳动用工机制为代价。这一用工机制使劳动者自主择业、企业按需用人，促进了劳动力资源按市场规律合理配置，极大地解放了生产力，为20多年来经济社会的平稳快速发展作出了贡献。设计解决劳动合同短期化问题的制度，应侧重于引导，在特殊情形下可适度限制企业选择合同期限的权利。但绝不能退回到计划经济时代僵化的用工机制。”①

① 沈水生．辩证看待劳动合同短期化．人民日报，2006-05-10

可以说，我国对于劳动合同期限制度的独特处理模式，很大程度上导致了我国的解雇制度有异于西方国家。当我们移植西方法律制度进行本土化改造的时候，应当注意这一切都要建立在对历史传统的承继基础之上，脱离本国法治资源实际所进行的改造只能迷失在逻辑幻觉的假象之中。在法国，为了解决长期居高不下的失业率①，2006 年国会通过了“首次雇佣合同法”，该法规定，雇佣 20 人以上的法国企业，在与 26 岁以下的青年人签订雇佣合同的两年内，可以随时将其解雇，无须说明理由。被解雇者可以获得企业的违约金并向政府申请 460 欧元的补助。然而，这部旨在为雇主放松解雇限制，促进青少年就业的法律却遭到了举国反对，不得不被政府悬置而胎死腹中。②《首次雇佣合同法》的折戟沉沙不单单是因为造成了对青年劳动者的就业歧视，而是在于其对本国劳动关系的法律调整完全脱离了既有的劳动法框架。法国的劳动法以无固定期限劳动合同作为基本形式，从解雇所需要的“实际严肃”的解雇理由，到解雇的通知期和面谈通知程序，再到解雇补偿和解雇之后的“社会计划”等保障措施，为劳动者提供了严格的解雇保护。③ 可是《首次雇佣合同法》的目标实际上是要对一个特殊的人群建立一个没有解雇保护的固定期限劳动合同体系，这也就不难理解它多舛的命运。“首次雇佣合同法想要达到的效果建立在一个假定的基础之上，那就是简单化的雇佣终止和相应雇主的经济风险的减少将有利于就业的创造。但是，在法国，新型的雇佣合同的实施缺乏必要的社会基础和灵活性劳动市场政策的接受，这两

---

① 法国的失业率长期徘徊在 10%左右，位列欧盟国家的前列，其中 25 岁以下青年的失业率更是长期在 20%以上。参见：丁建定. 从“首次雇佣合同法案”的流产看法国青年就业政策改革的艰难. 学习与实践，2009（7）

② 2006 年 3 月，《首次雇佣合同法》的出台引发了全国性的大罢工，300 万法国民众走上街头，最后迫使希拉克总统宣布用“帮助困难青年就业计划”取代了“首次雇佣合同法”。邓颖平. 法国《首次雇佣合同法》引发强震. 民主与法制时报，2006-04-03；林卫光. 新劳工法引发法国全国性学潮 40 余所大学同时罢课. 中国青年报，2006-03-14

③ 法国劳动法典. 罗结珍译. 北京：国际文化出版公司，1996. 28～38

者对于一个功能良好的灵活安全体系来说是不可或缺的。”① 法国《首次雇佣合同法》的失败无疑表明：作为一种隐性的劳动基准，劳动者的解雇保护标准与工资标准一样易上难下，具有极强的刚性。当中国将两种期限合同制度同时置于严格的解雇权限制体系的涵射之下，必将进一步推高解雇标准，动摇灵活用工的市场化基础。

在我国，两种合同期限所负载的不同的价值功能使它们应当互相配合发挥作用。从劳动者倾斜保护的角度出发，对固定期限劳动合同应当强化实际履行的效果，非因重大事由严格禁止用人单位行使解雇权，保持劳动关系短期的静态平衡；对无固定期限劳动合同则应着眼于解雇责任的承担，允许用人单位在支付经济补偿金和遵循法定解雇程序的情况下，以“正当事由”而非“法定事由”行使解雇权，形成劳动关系长期的动态平衡。在通过法律强制将固定期限劳动合同转化为无固定期限劳动合同的时候，应当同时赋予用人单位相应灵活的解约自由。

第三节　中国解雇制度的演进之路

中国的解雇制度，是在计划经济向市场经济过渡的阶段搭建起来的。直到现在，“辞退”“除名”这些词汇还都没有完全地退出历史的舞台。从“固定工”到“合同制”，从“合同制”到“劳动合同期限”制度，这一个个概念变化的背后反映的是劳动关系逐步市场化的进程。从一开始，中国的解雇制度就缺乏一个成熟劳动力市场的支撑。由于私法传统的缺乏，西方国家由雇佣契约社会化自然演化而来的劳动契约，在中国始终是由国家力量来推动的，融入了更多的“公法”性因子。这也决定了中国劳动合同法律架构内的解雇制度，走出的是一条相对封闭和独立的轨迹。

① Otto Kaufmann. Weakening of Dismissal Protection or Strengthening of Employment Policy in France? Industrial Law Journal，vol. 36，2007，p269

“在规范的市场经济中，劳动关系的协调应该是以个别劳动关系调整为基础，以集体劳动关系调整为主导。”① 将解雇制度纳入集体协商和集体谈判的范畴，由雇主与工会通过集体劳动合同的方式进行集体性规范以稳定劳动关系的运行，这几乎是西方国家进行解雇权约束的最重要方式。“通过集体协商而建构的工业民主必将通向人类的自由。”② 然而，中国的集体合同作为一种强制性的制度变迁，没有团结权来保障工会成为与用人单位平等的谈判主体，政府对于劳动关系的深度介入使集体协商的双方缺乏最基本的合意基础。“我国集体协商与集体合同制度难以产生如集体谈判那样塑造劳资信赖的交易理性的功能。”③ 集体合同功能的丧失，使我们必须放弃这种最符合社会法特点的调整方式而转向调整个别劳动关系的劳动合同。在我国的企业社会责任机制无法通过柔性的调整来形成对用人单位足够软约束的前提下，劳动合同法内的解雇制度也因此承载了保护劳动者工作稳定的所有负担。作为一种强制调整规范，我国的解雇制度既要约束用人单位恶意的解雇行为，又要调和本已紧张的劳动关系。为了使无固定期限和固定期限两种劳动合同类型形成解雇平衡，在劳动关系的“进”“出”之间形成竞争机制，应在立法上对我国的解雇制度重新做出安排。

对于无固定期限劳动合同，在保持《劳动合同法》原有三大解雇要素的前提下，应进行适当调适以降低原有的保护强度，弱化其原有的福利色彩。在解雇理由中，应确立“正当事由”的基本解雇原则，非因劳动者本身工作能力、自身行为或者基于事业经营需要之正当理由，不得解雇劳工。以法定的概况性规定引导用人单位对正当解雇原

① 常凯．中国劳动关系报告——当代中国劳动关系的特点与趋向．北京：中国劳动社会保障出版社，2009．53

② Mark Barenberg. The Political Economy of the Wagner Act：Power，Symbol，and Workplace Cooperation. Harvard Law Review，vol. 106，May，1993，p1438

③ 曹燕．和谐劳动关系法律机制研究——对我国劳动法律制度功能的反思．北京：中国法制出版社，2008．256

因的使用，减轻用人单位对于事由正当性的举证责任。过错性解雇中，应还原试用期间解雇的法律属性，给予用人单位宽松的解雇权利；无过错解雇中，应强化对用人单位解雇回避义务的程序性规定并相应限缩实体性规范，只要用人单位履行了调岗等程序性要求，即符合解雇的正当事由；经济性裁员中，应提升裁员标准的门槛，排除中小型企业的适用，重新对社会性选择的标准进行概括性阐释。对于违反正当解雇事由、禁止性解雇事由、工会通知和协商程序的解雇，应明确其为违法解雇。

对于固定期限劳动合同，在适用范围上应控制其订立期限的上限，以遵守意思自治的实际履行作为基本原则而以合同的解除作为例外。值得注意的是，进入 21 世纪以来，为了应对就业压力，在西方原来作为非典型雇佣形式的固定期限合同，严格的解雇限制也逐渐开始出现放松的趋势。“雇佣的柔软化，非典型雇佣的扩大，劳动力供需体制的多样化是世界各国雇佣体系变化的共同现象。”① 就目前中国的实际情况来看，固定期限劳动合同，尤其是中长期的固定期限劳动合同在未来相当长的一个时期内还会占较高比例。② 因此，不宜过低限制固定期限劳动合同的存续期间。固定期限劳动合同的订立，应由双方当事人约定合同的订立期限和解雇的通知期。在固定期限劳动合同的解除方面，应借鉴法、德等国的规定，除了对方当事人有严重过错或者在不可抗力情况下，固定期限劳动合同在未达到终止期限之前，不允许解除。与无固定期限劳动合同违法解雇的概念对应，应创设固定期限劳动合同的“违约解雇”这一概念。所谓违约解雇，是指在固定期限劳动合同在约定的终止期届满之前，用人单位违反解除条件或者违反合同中有关解雇通知期的规定对劳动者实施的解雇。对于

① ［日］马渡淳一郎. 劳动市场法的改革. 田思路译. 北京：清华大学出版社，2006. 3

② 王全兴.《劳动合同法》实施后的劳动关系走向. 深圳大学学报（人文社会科学版），2008（3）

违约解雇，用人单位应当向劳动者支付损害赔偿。无固定期限劳动合同有关禁止性解雇原因的规定，也应同时适用于固定期限劳动合同的解雇情形，但是在解雇理由的正向规定上，应严格限制固定期限劳动合同的解雇事由，将其仅局限于劳动者的个人过错与不可抗力，保障固定存续期间内劳动关系的相对稳定性。

由于解雇权限制体系中的三个面向之间存在功能上的互相协调，三个维度的规范设计也应当张弛有度，形成解雇权约束力度的内部配比。从德、法、英对于解雇制度内部的调配来看，严格的解雇事由与解雇程序配比的均是负担较低的解雇成本。虽然短期内我国还缺乏调低经济补偿金的制度空间，但应积极寻求经济补偿金与社会保险制度的外接途径。在社会保险中的失业保险、养老保险成为一种具有广覆盖范围的社会保障形式时，再于劳动法制内部寻求建立解雇事由、解雇程序与解雇待遇之间的新平衡。

对于解雇权的司法控制是解雇制度法律重构的核心一环。由于概括性正当解雇理由的引入，对于解雇个案中法律事实的认定无疑增加了判断难度。用人单位规章制度的效力、努力回避解雇的手段、经济性裁员社会性选择的因素考量等诸多内容均需要法官在法律秩序所允许的空间内进行衡平性审查。从2008年以来的情形来看，《劳动合同法》对于解雇制度过于刚性的规定使各地劳动仲裁机构和法院在具体操作中相继出台指导性意见来进行法律性解释的弹性处理，但是各地在认定尺度上的标准不一已经间接产生了制度性歧视，严重影响了司法的公正。司法对于劳动契约的控制，“并非契约扶助、契约修正，而是一基于契约欠缺正确保障下的法律控制”①。劳动关系变动的灵活性和复杂性，使劳动契约法中当事人利益保障的欠缺成为一个普遍性问题，但是司法控制内容的范围应当具有相当的明确性才能使法官的居中裁断不会丧失正当性基础。因此，对影响解雇权适用的司法控

---

① 林佳和. 社会保护、契约自由与经营权——司法对劳动契约的衡平性控制. 台湾劳动法学会学报，2007（6）

制要素范围进行统一化、清晰化、标准化的界定，应是未来我国解雇制度重构的一个基本趋向。

一个国家解雇法律制度的建构和有效运作，浓缩了劳动者生存权保障、企业经济利益平衡、劳动力市场发展、社会保障能力协调、国家宏观经济运行等多个命题。中国劳动法制的未来，也理应置于一个这样的社会化整合性思考之下。一条社会利益法制化路径的探寻，需要国际化视野的拓展，需要对历史积淀的审视和反思，但更需要对社会具体现实问题的理性观察。毕竟，“无论在当下还是在其他任何时候，法律发展的重心都不在立法，不在法学，也不在司法判决，而是在社会本身”①。

① ［奥］尤根·埃利希. 法律社会学基本原理. 叶名怡，袁震译. 北京：九州出版社，2007. 3

结 语

解雇权限制问题，反映的不仅仅是劳动法制对劳动者生存权与用人单位财产权的一种调和，更提供了一种对和谐劳动关系建构的理性思考。解雇权限制问题的研究，实际已经成为中国劳动法制的核心问题之一，也是难题之一。在笔者看来，以劳动关系的流动性为基础来实现劳动关系的稳定性，应当是中国解雇制度改造的一个根本趋向，这也是劳动关系市场化和社会化的根本要求。

对于劳动者过高的保护强度未必一定会带来劳动者利益的增长，《劳动合同法》在实践中的适用无疑已经佐证了这一点。从解雇保护的三个核心要素来分析，我国解雇权限制的程度从整体上来说明显超出了我国企业和整个经济的承受力，应当适度调低。从比较法研究的视角来说，我国的解雇体系与国际通行的解雇制度缺乏一个共享的话语系统来进行交流，应当通过制度内部的改造积极实现共通概念的对接。未来中国的解雇制度应当在整个劳动契约制度的整体逻辑安排的基础上，通过对本土劳动法制资源的整合来建构一个中国解雇保护的基本框架。

在未来具体解雇法制路径的探索过程中，应当特别注意劳动关系的法律调整本质上体现了一种公法与私法的融合。劳动关系本身所表现出的“财产性与人身性兼具、平等性与隶属性兼具”的特征，要求劳动法在对劳动关系进行法律强制性调整的同时，也不能完全脱离对劳动契约“私法”属性的认识。如果完全摒弃劳动契约的私法精神而过分强调公法的干预，带来的可能是用人单位和劳动者都不愿意面对的一个结局。

中国解雇法制的完善，还需要汲取劳动关系学、劳动经济学等多个学科对我国现实劳动关系分析的成果。尤其是使用经济分析方法对劳动法律适用效果的实证分析，将在未来影响我国解雇法制调整的走向。

参考文献

一、著作及译著类

1. [奥] 尤根·埃利希. 法律社会学基本原理. 叶名怡，袁震译. 北京：九州出版社，2007

2. [德] 梅迪库斯. 德国民法总论. 邵建东译. 北京：法律出版社，2005

3. [德] W. 杜茨. 劳动法. 张国文译. 北京：法律出版社，2005

4. [德] 费希特. 自然法权基础. 谢地坤，程志民译. 北京：商务印书馆，2004

5. [德] 拉德布鲁赫. 法学导论. 米健，朱林译. 北京：中国大百科全书出版社，1997

6. [美] E. 博登海默. 法理学——法律哲学与法律方法. 北京：中国政法大学出版社，2004

7. [美] William B. Gould. 美国劳工法入门. 焦兴铠译. 台北：台湾编译馆，1996

8. [美] 伯纳德·施瓦茨. 美国法律史. 王军等译. 北京：中国政法大学出版社，1997

9. [美] 理查德·A. 波斯纳. 法律的经济分析. 蒋兆康译. 北京：中国大百科全书出版社，1997

10. [美] 迈克尔·贝勒斯. 程序正义. 邓海平译. 北京：高等教育出版社，2005

11. [美] 斯蒂格利茨. 经济学（上）. 姚开建等译. 北京：中国人民大学出版社，1997

12. [美] 文森特，帕里曼等. 当代社会问题. 周兵等译. 北京：华夏出版社，2002

13. [日] 星野英一. 私法中的人. 王闯译. 北京：中国法制出版社，2004

14. [日] 大木雅夫. 比较法. 范榆译. 北京：法律出版社，2006

15. [日] 大须贺明. 生存权论. 林浩译. 北京：法律出版社，2001

16. [日] 马渡淳一郎. 劳动市场法的改革. 田思路译. 北京：清华大学出版社，2006

17. [英] Richard Hyman. 比较工会运动. 许继峰，吴育仁译. 台北：台湾韦伯文化公司，2004

18. 曹燕. 和谐劳动关系法律机制研究——对我国劳动法律制度功能的反思. 北京：中国法制出版社，2008

19. 常凯. 劳权论——当代中国劳动关系的法律调整研究. 北京：中国劳动社会保障出版社，2004

20. 陈自强. 民法讲义Ⅱ：契约之内容与消灭. 北京：法律出版社，2004

21. 董保华. 社会法原论. 北京：中国政法大学出版社，2001

22. 董保华. 劳动关系调整的法律机制. 上海：上海交通大学出版社，2000

23. 董保华. 劳动关系调整的社会化与国际化. 上海：上海交通大学出版社，2006

24. 董保华. 十大热点事件透视劳动合同法. 北京：法律出版社，2007

25. 杜景林，卢谌. 德国民法典. 北京：中国政法大学出版社，1999

26. 意大利民法典. 费安玲等译. 北京：中国政法大学出版社，2004

27. 郭道晖. 法的时代呼唤. 北京：中国法制出版社，1998

28. 郭明政. 社会安全制度与社会法. 台北：翰芦图书出版有限责

任公司，1997

29. 黄程贯. 劳动法（修订版）. 台北：空中大学出版社，1996

30. 黄茂荣. 法学方法与现代民法（第五版）. 北京：法律出版社，2007

31. 黄越钦. 劳动法新论. 北京：中国政法大学出版社，2003

32. 季卫东. 法治秩序的建构. 北京：中国政法大学出版社，1999

33. 姜颖. 劳动合同法论. 北京：法律出版社，2006

34. 凯瑟琳·巴纳德. 欧盟劳动法. 付欣译. 北京：中国法制出版社，2005

35. 梁彗星. 民法总论（第二版）. 北京：法律出版社，2001

36. 林更盛. 劳动法案例研究（一）. 台北：翰芦图书出版有限公司，2002

37. 刘志鹏. 劳动法理论与判决研究. 台北：元照出版公司，2000

38. 龙卫球. 民法总论. 北京：中国法制出版社，2002

39. 法国劳动法典. 罗结珍译. 北京：国际文化出版公司，1996

40. 米尔顿·弗里德曼，罗丝·弗里德曼. 自由选择. 北京：机械工业出版社，2008

41. 彭小坤. 劳动合同单方解除制度研究. 北京：法律出版社，2009

42. 史尚宽. 劳动法原论. 台北：正大印书馆，1978

43. 史探径. 社会法论. 北京：中国劳动社会保障出版社，2007

44. 苏永钦. 私法自治中的国家强制. 北京：中国法制出版社，2005

45. 孙宪忠. 民法总论. 北京：中国科学文献出版社，2004

46. 王伯琦. 近代法律思潮与中国固有文化. 北京：清华大学出版社，2005

47. 王泽鉴. 民法学说与判例研究（2）. 北京：中国政法大学出版社，1998

48. 王泽鉴. 民法总则. 北京：中国政法大学出版社，2001

49. 卫民. 劳资关系——问题与政策. 台北：环球经济社，1990

50. 谢怀栻. 合同法原理. 北京：法律出版社，2000. 188

51. 谢彭程. 公民的基本权利. 北京：中国社会科学出版社，1997

52. 许志雄，蔡茂寅等. 现代宪法论. 台北：元照出版公司，2000

53. 尹田. 法国现代合同法. 北京：法律出版社，1995

54. 张恒山. 法理要论. 北京：北京大学出版社，2002

55. 张文显. 法哲学范畴研究. 北京：中国政法大学出版社，2001

56. 张彦宁，陈兰通. 2007 中国企业劳动关系状况报告. 北京：企业管理出版社，2007

57. 郑尚元. 劳动合同法的制度与理念. 北京：中国政法大学出版社，2008

58. 郑玉波. 民法总则. 北京：中国政法大学出版社，2003

59. 中共中央马克思恩格斯列宁斯大林著作编译局. 马克思恩格斯选集（第四卷）. 北京：人民出版社，1995

60. 中共中央马克思恩格斯列宁斯大林著作编译局. 马克思恩格斯选集（第二卷）. 北京：人民出版社，1995

61. 朱景文. 比较法总论（第二版）. 北京：中国人民大学出版社，2004

二、编著类

1. 常凯. 劳动合同立法理论难点解析. 北京：中国劳动社会保障出版社，2008

2. 常凯. 中国劳动关系报告——当代中国劳动关系的特点与趋向. 北京：中国劳动社会保障出版社，2009

3. 陈小君. 合同法学. 北京：中国政法大学出版社，2007

4. 董保华. 劳动合同研究. 北京：中国劳动社会保障出版社，2005

5. 关怀. 劳动法学. 北京：群众出版社，1985

6. 关怀. 劳动法. 北京：中国人民大学出版社，2001

7. 贾俊玲. 劳动法学. 北京：北京大学出版社，2003

8. 蒋碧昆. 宪法学. 北京：中国政法大学出版社，1997

9. 焦兴铠等. “劳动基准法”释义——施行二十年之回顾与展望. 台北：新学林出版股份有限公司，2005

10. 劳动和社会保障部劳动科学研究所. 外国劳动和社会保障法选. 北京：中国劳动出版社，1999

11. 李步云. 人权法学. 北京：高等教育出版社，2005

12. 李景森，贾俊玲. 劳动法学. 北京：北京大学出版社，2001

13. 李由义. 民法学. 北京：北京大学出版社，1988

14. 林嘉. 劳动法评论. 北京：中国人民大学出版社，2005

15. 林嘉. 劳动合同法条文评注与适用. 北京：中国人民大学出版社，2007

16. 林燕绥. 新劳动法概论（第二版）. 北京：清华大学出版社，2008

17. 马骏驹，余延满. 民法原论（下）. 北京：法律出版社，2001

18. 彭万林. 民法学. 北京：中国政法大学出版社，2002

19. 孙笑侠. 法理学. 北京：中国政法大学出版社，1996

20. 王全兴. 劳动法. 北京：法律出版社，2004

21. 王全兴. 劳动法学. 北京：人民法院出版社，2005

22. 王益英，黎建飞. 外国劳动法和社会保障法. 北京：中国人民大学出版社，2001

23. 杨景宇，信春鹰. 中华人民共和国劳动合同法解读. 北京：中国法制出版社，2007

24. 叶静漪，Ronnie Eklund. 瑞典劳动法导读. 北京：北京大学出版社，2008

25. 叶静漪，周长征. 社会正义的十年探索——中国与国外劳动法制改革比较研究. 北京：北京大学出版社，2007

26. 张俊浩. 民法学原理（第三版）. 北京：中国政法大学出版社，2000

27. 张文显. 法理学. 北京：高等教育出版社，1999

28. 中华人民共和国劳动和社会保障部法制司. 中德劳动和社会保

障法：比较法文集．北京：中信出版社，2003

29. 周长征．劳动法原理．北京：科学出版社，2004

30. 邹喻，顾明．法学大辞典．北京：中国政法大学出版社，1991

三、杂志类

1. 蔡红．英国劳动法的不公平解雇及其法律救济．欧洲，2002（2）

2. 蔡金荣．走向独立社团——中国工会发展之进路选择．行政法学研究，2009（3）

3. 蔡茂寅．社会法之概念、体系与范畴——以日本法为例之比较观察．政大法学评论，1997（58）

4. 曹信邦．建立我国解雇预告制度的研究．经济问题，2003（9）

5. 曹燕．劳动合同期限制度的域外经验与本土资源．兰州学刊，2008（5）

6. 常凯．关于劳动合同立法的几个基本问题．当代法学，2006（6）

7. 常凯．论劳动合同法的立法依据和法律定位．法学论坛，2008（2）

8. 常凯．论企业社会责任的法律性质．上海师范大学学报（哲学社会科学版），2006（5）

9. 常凯．论政府在劳动法律关系中的主体地位和作用．中国劳动，2004（12）

10. 陈建文．“劳动基准法”第20条之研究．政大法学评论，2003，6（74）

11. 陈银娥．美国的失业保险制度及其对我国的启示．华中师范大学学报（人文社会科学版），1999（3）

12. 程延园，王甫希．日韩解雇制度比较分析——解雇中的法律和经济问题．北京行政学院学报，2008（6）

13. 程延园．劳动合同立法：寻求管制与促进的平衡．中国人民大学学报，2006（5）

14. 程延园．劳动合同立法如何平衡劳动者与企业的权益．法学杂

志，2007（3）

15. 程延园. 英美解雇制度比较分析. 中国人民大学学报，2003（2）

16. 丁建定. 从"首次雇佣合同法案"的流产看法国青年就业政策改革的艰难. 学习与实践，2009（7）

17. 丁文联. 试论劳动合同附合化. 法商研究，1996（6）

18. 丁宇翔. 经济补偿金、赔偿金及其他——《劳动合同法》实施后经济补偿的法律适用. 法律适用，2009（1）

19. 董保华. 锦上添花抑或雪中送炭——析《中华人民共和国劳动合同法（草案）》的基本定位. 法商研究，2006（3）

20. 董保华. 劳动合同法中经济补偿金的定性及其制度构建. 河北法学，2008（5）

21. 董保华. 论我国无固定期限劳动合同. 法商研究，2007（6）

22. 冯彦君. 解释与适用——对我国劳动法第31条规定之检讨. 吉林大学社会科学学报，1999（2）

23. 冯彦君. 劳动合同解除中的"三金"适用——兼论《劳动合同法》的立法态度. 当代法学，2006（9）

24. 冯彦君. 劳动合同立法应准确处理的三大关系. 当代法学，2006（6）

25. 冯彦君. 劳动权论. 法学研究，2003（1）

26. 冯彦君. 劳动权论略. 社会科学战线，2003（1）

27. 傅静坤. 劳动合同中的解约金问题研究. 现代法学，2000（38）

28. 龚向和. 社会权的历史演变. 时代法学，2005（3）

29. 关怀. 《劳动合同法》与劳动者合法权益的保护. 法学杂志，2006（5）

30. 郭军，郑东亮，董平，王文珍，李天国. 再谈《劳动合同法》实施. 中国劳动，2008（3）

31. 郭玲惠. 大量解雇劳工保护法制之初探. 台湾劳动法学会学报，2004（3）

32. 郭玲惠. 终止劳动契约——兼论德国之制度. 中兴法学，1994 (5)

33. 郭明政. “劳基法”资遣费与退休金制度之改革. 政大劳动学报，2000 (9)

34. 郭明政. 身份—契约—制度—功能——台湾社会安全法制发展之检讨. 政大劳动学报，2002 (12)

35. 郭文龙. 无效劳动合同处理规则的分析与适用. 现代交际，2009 (6)

36. 胡立峰. 美国劳动法对雇主不当解雇行为的规制：渊源、发展与反思. 环球法律评论，2009 (1)

37. 黄程贯. 企业惩罚权. 台湾社会研究季刊，1989 (秋季号)

38. 黄程贯. 判断雇主劳动契约终止有效与否之决定性时点 (一). 政大法学评论，1991 (43)

39. 黄卉. 德国劳动法中的解雇保护制度. 中外法学，2007 (1)

40. 黄建中，高圣平. 用人单位内部规章制度的性质与司法控制. 人民司法，2007 (4)

41. 姜颖. 《劳动合同法》无固定期限合同的不足与完善. 法治论坛，2009 (1)

42. 姜颖. 论工会在劳动合同制度中的作用. 中国劳动关系学院学报，2006 (3)

43. 姜颖. 完善劳动合同试用期的立法建议. 中国人力资源开发，2006 (7)

44. 焦兴铠. 美国大量解雇劳工保护法制之研究. 台湾劳动法学会学报，2004 (3)

45. 黎建飞. 《劳动合同法 (草案)》的立法背景与创新. 中国社会科学院研究生院学报，2006 (4)

46. 黎建飞. 劳动合同解除的难与易. 法学家，2008 (2)

47. 李坤刚. 劳动合同经济补偿金的功能、性质和制度完善. 阅江学刊，2009 (2)

48. 李坤刚. 论劳动关系的稳定性和流动性. 法商研究，2000（6）

49. 李敏华，刘忠杰. 劳资博弈之理性——以劳动合同解除为例. 社会科学家，2008（8）

50. 李玉春. 解雇保护程序规范之研究. 台湾劳动学会学报，2004（3）

51. 林诚二. 情事变更原则之再探讨. 台湾本土法学杂志，1989（7）

52. 林更盛. "劳动基准法"第十六条第三项之研究. 中原财经法学，1985（2）

53. 林更盛. 论广义比例原则在解雇法上之适用. 中原财经法学，2000（5）

54. 林嘉. 劳动合同法的立法价值、制度创新及影响评价. 法学家，2008（2）

55. 林佳和. 社会保护、契约自由与经营权——司法对劳动契约的衡平性控制. 台湾劳动法学会学报，2007（6）

56. 林振贤. 谈谈解雇的法理. 中国劳工，2001（8）

57. 刘彩凤.《劳动合同法》对我国企业解雇成本与雇佣行为的影响——来自企业态度的问卷调查. 经济管理，2008

58. 刘士豪. 大量解雇劳工保护法中"解雇计划书通知与协商"制度之初探. 律师杂志，2003（3）

59. 钱玉林. 禁止权利滥用的法理分析. 现代法学，2002（1）

60. 邱本. 从契约到人权. 法学研究，1998（6）

61. 沈同仙. 劳动权探析. 法学，1997（8）

62. 宋德玲，郭迪佳. 日本企业终身雇佣制的成因及演变研究综述. 日本学论坛，2007（2）

63. 孙笑侠，应永宏. 程序与法律形式化——兼论现代法律程序的特征与要素. 现代法学，2002（1）

64. 孙学致. 劳动合同法中的私法属性. 当代法学，2006（6）

65. 陶芳侯. 对德国失业保险和劳动力市场情况的观察与思考. 财

贸研究，2001（1）

66. 王建军. 劳动合同终结的理论选择. 四川大学学报（哲学社会科学版），2006（3）

67. 王克金. 权利冲突的概念、原因及解决——一个法律实证主义的分析. 法制与社会发展，2004（2）

68. 王能君. 日本解雇权滥用法理与整理解雇法理. 台湾劳动法学会学报，2004（3）

69. 王全兴，黄昆. 劳动合同效力制度的突破和疑点解析. 法学论坛，2008（2）

70. 王全兴，黄昆. 无固定期限劳动合同的是与非. 法学家，2008（2）

71. 王全兴.《劳动合同法》实施后的劳动关系走向. 深圳大学学报（人文社会科学版），2008（3）

72. 王全兴. 就业权实现的劳动合同法保障——审视我国劳动合同立法的一种新视角. 中州学刊，2005（6）

73. 王全兴. 劳动合同立法争论中需要澄清的几个基本问题. 法学，2006（6）

74. 王全兴. 试论劳动者"进出"劳动关系的宽严选择——《劳动合同法（草案）》有关条文剖析. 中国劳动，2006（9）

75. 王为农. 日本的社会法学理论：形成和发展. 浙江学刊，2004（1）

76. 吴元元. 劳动契约安排的制度逻辑——无固定期限劳动合同的法律经济学重读. 现代法学，2009（1）

77. 谢德成，穆随心. 英国劳动法限制解雇制度. 中国劳动，2005（6）

78. 谢晖. 论法律程序的实践价值（上）. 北京行政学院学报，2005（1）

79. 谢增毅. 对劳动合同法若干不足的反思. 法学杂志，2007（6）

80. 徐军. 合同终止辨析. 广西政法管理干部学院学报，2005（2）

81. 许建宇，王婧婧. 和谐劳动关系的构建与政府责任的法治化. 法治研究，2007 (2)

82. 许建宇. 关于劳动法若干基本理论问题的探索. 法商研究，2000 (3)

83. 许建宇. 劳动合同的定性及其对立法的影响. 中国劳动关系学院学报，2005 (6)

84. 许建宇. 劳动权的位阶与权利（力）冲突. 浙江大学学报（人文社会科学版），2005 (1)

85. 杨通轩. 大量解雇劳工保护法相关法律问题研究. 法律杂志，2003 (3)

86. 应飞虎. 权利倾斜性配置的度——关于《劳动合同法》的思考. 深圳大学学报（人文社会科学版），2008 (3)

87. 张在范. 劳资协商的引入与我国经济性裁员法律制度的重塑. 江苏社会科学，2009 (2)

88. 郑爱青.《劳动合同法》：个人劳动关系规范的变革与不足. 华东政法大学学报，2008 (6)

89. 郑爱青. 法国劳动合同立法的启示. 法学杂志，2002 (5)

90. 郑爱青. 完善我国劳动合同解除制度的思考和建议. 法学杂志，2007 (3)

91. 郑功成. 构建和发展规范、和谐、稳定劳动关系. 中国人大，2007 (13)

92. 郑尚元. 劳动合同法的功能与制度价值分析. 深圳大学学报（人文社会科学版），2008 (3)

93. 周国良. 劳动合同终止和解除（三）. 中国劳动，2008 (4)

94. 朱静舫. 德国解除雇佣关系时错误社会选择的法律后果及相关责任. 中国劳动关系学院学报，2008 (2)

四、文集类

1. 陈建文. “大量解雇劳工保护法”之法理启示——经营组织变动之劳动保护问题初探. 台北大学大量解雇劳工保护法制研讨会论文集，

2003

2. 郭玲惠. 解雇合法性及其关联企业之态样. 台湾劳动法学会劳动法裁判选辑（一）. 台北：元照出版公司，1998

3. 黄程贯. 解雇无效时雇主受领迟延问题. 劳动法裁判选辑（二）. 台北：元照出版公司，1999

4. 邱骏彦. "劳基法"上定期契约与不定期契约之法律问题探讨. 劳资关系论文集. 台北：台湾晟传文化事业有限公司，2003

5. 谢棋楠. 美国大量解雇劳工保护法制. 大量解雇劳工保护法制学术研讨会论文集. "台湾行政院劳工委员会"，2005

五、学位论文类

1. 戴丞颖. 中英两国雇主终止劳动契约法制之研究. 中正大学硕士毕业论文，2000

2. 林更盛. 德国劳动契约终止问题之研究. 台湾大学法律研究所硕士研究生论文，1985

3. 林佳和. 劳动关系去管制的宪法界限——以德国法为中心之国家学尝试. 台湾政治大学博士论文，2005

4. 宋季芸. 解雇事由之研究——台湾与美国的比较. 台湾中原大学硕士论文，2006

5. 张宛如. 劳动"基准法"第十一条解雇理由之研究. 台湾大学硕士研究生毕业论文，2005

六、报纸类

1. 沈水生. 辩证看待劳动合同短期化. 人民日报，2006-05-10

2. 林卫光. 新劳工法引发法国全国性学潮，40余所大学同时罢课. 中国青年报，2006-03-14

3. 邓颖平. 法国《首次雇佣合同法》引发强震. 民主与法制时报，2006-04-03

4. 曹海东. 劳务派遣的非正常繁荣. 南方周末，2007-12-12

5. 王一江. 吁请对中小企业免除劳动合同法. 经济观察报，2008-02-18（42）

七、中文网站类

1. 劳动和社会保障部关于《中华人民共和国劳动合同法》的宣传提纲，http://trs. molss. gov. cn/was40/mainframe. htm，2009-09-10

2. 常璐，王飞，宋常青．七成以上外商投资企业建立工会组织，http://news. xinhuanet. com/misc/2008-03/14/content _ 7790235. htm，2010-01-28

3. 中国劳动标准“高”了还是“低”了．北京青年报，http://bjyouth. ynet. com/view. jsp? oid＝8319912&pageno＝1，2009-12-02

4. 杨舒怡．31 年工龄抵不过 1.3 欧元失窃嫌疑，德女工遭解雇引发全国质疑．京华时报，http://epaper. jinghua. cn/html/2009-02/28/content_396556. htm，2010-01-02

5. 赵竺安．思科中国被疑两度设局解雇女员工惹争议．上海劳动报，http://it. people. com. cn/GB/42891/42893/10950960. html，2010-02-24

八、中译论文类

［日］营野耕毅．诚实信用原则与禁止权利滥用法理的功能．傅静坤，译．外国法译评，1995（2）

九、外文论著类

1. Albert A. Blum. International Handbook of Industrial Relations Contemporary Developments and Research. London：Aldwych Press，1981

2. Alfred G. Feliu. Primer on Individual Employee Right. The Bureau of International Affairs（second edition），2000

3. Alison Bone & Marnah Suff. Essential Employment Law（second edition），Wuhan University Press，2004

4. Callum Campbell. Labor & Employment 2006. Law Business Research Ltd，2006

5. Charles Barrow & John Duddington. Briefcase on Employment Law. Wuhan University Press，2004

6. Heodor Meron. Human Rights in International Law: Legal and Policy Issues. Clarendon Press Oxford, 1984

7. Manfred Weiss & Marlene Schmidt. Labor Law and Industrial Relations in Germany. Kluwer Law International, The Hague London Boston, 2000

十、外文论文类

1. Achim Seifert & Elke Funken-Hötzel. Wrongful Dismissals in the Federal Republic of Germany. Comparative Labor Law and Policy Journal, vol. 25, 2004

2. Anna Pollert. The Unorgnised Worker: The Decline in Collectivism and New Hurdles to Individual Employment Rights. Industrial Law Journal, vol. 34, 2005

3. Bob Hepple. European Rules for Dismissal Law. Comparative Labor Law & Policy Journal, vol. 18, 1997

4. David Christie. Welcome to the Jungle: Statutory Dispute Resolution in the Workplace. Scots Law Times, vol. 32, 2004

5. Dorothea Alewell & Eileen Schott & Franziska Wiegand. The Impact of Dismissal Protection on Employers' Cost of Terminating Employment Relations in Germany: An Overview of Empirical Research and Its White Spots. Comparative Labor Law and Policy Journal, vol. 30, 2009

6. Jacquelin Mackinnon. Dismissal Protections in A Global Market: Lessons to Be Learned From Serco Ltd v Lawson. Industrial Law Journal, vol. 38, March, 2009

7. John B. Dudrey, Damage Control: Two Proposals to Limit the Reach and Effect of Oregon's Wrongful Discharge Tort. Lewis & Clark Law Review, vol. 12, 2008

8. Katherine V. W. Stone. The New Psychological Contract: Implications of the Changing Workplace for Labor and Employment Law. UCLA Law Review, vol. 48, 2001

9. Katherine V. W. Stone. Revisiting the at-will Employment Doctrine：Imposed Terms，Implied Terms，and The Normative World of the Workplace. Industrial Law Journal，vol. 36，2007

10. Kenneth Miller. The American Employment-at-will Doctrine and Its Impact Upon Employee Rights. Edinburgh Law Review，vol. 5，2001

11. Lawrence E. Blades. Employment at Will vs. Individual Freedom：on Limiting the Abusive Exercise of Employer Power. Columbia Law Review，December，vol. 67，1967

12. Mark Barenberg. The Political Economy of the Wagner Act，Power，Symbol，and Workplace Cooperation. Harvard Law Review，vol. 106，May，1993

13. Mark Berger. Unjust Dismissal and Contingent Worker，Restructuring Doctrine for the Restructured Employee. Yale & Policy review，vol. 16，1997

14. Mark J. Romaniuk. Year In Review：A Survey of Significant 2006 Developments in the Area of Labor and Employment Law and the Impact Upon Indiana Employers. Indiana Law Review，2007

15. Natalie Bucciarelli Pedersen. A Subjective Approach to Contracts? How Courts Interpret Employee Handbook Disclaimers. Hofstra Labor and Employment Law Journal，vol. 26，2008

16. Note：Employer Opportunism and the Need for a Just Cause Standard. Harvard Law Review，December，1989

17. Note：Protecting Employees at Will Against Wrongful Discharge：the Public Policy Exception. Harvard Law Review，vol. 96，1983

18. Oliver Blanchard and Pedro Portugal. What Hides Behind an Unemployment Rate：Comparing Portuguese and US. Labor Markets. American Economic Review，vol. 91，March，2001

19. Otto Kaufmann. Weakening of Dismissal Protection or Strengthening of Employment Policy in France? Industrial Law Journal. vol. 36，

2007

20. Richard A. Epstein. In Defense of the Contract at Will. University of Chicago Law Review，vol. 51，1984

21. Robert C. Bird. Rethinking Wrongful Discharge：a descriptive-continuum approach，Seton Hall University-W. Paul Stillman School of Business Working Paper，August 12，2003

22. Wolfgang Däubler & Qian Wang. Labor Law Developments in China—The New Chinese Employment Law. Comparative Labor Law and Policy Journal，vol. 30，2009

十一、外文网站类

1. http://www. compactlaw. co. uk

2. 国际劳工组织网站，http://webfusion. ilo. org/public/db/standards/normes/appl/appl-displayConv. cfm? conv＝C158&hdroff＝1&lang＝EN，2010-01-12

3. 香港特别行政区立法会资料，http://www. legco. gov. hk/yr07-08/chinese/sec/library/0708in25-c. pdf，2010-02-18

后　记

韬奋楼零点的钟声清脆而悠扬，苏州河又笼罩在一片五月的烟雨蒙蒙之中。遥想三年来的每一个夜晚，似乎连接成了这细细的雨丝，依依不舍。重新踏入校园的那一刻，已经预想到了再次求学的艰苦，但此时此刻还是为自己走过的每一步而欷歔。

偶然的一个机会师从董保华教授学习劳动法，起步阶段的痛苦不堪回首。董老师对于学术的孜孜以求让我时常感到惶恐，也不间断地磨砺我偶有疲乏的身心和时常懈怠的态度。以贴近现实的触角去思考复杂的劳动关系，这是我上海三年求学最大的收获。董老师常常提及的海派文化的开放性和扬弃性，使我不得不以一颗敏锐的心来重新审视自己固有的一些自以为的常识性认识。论文写作期间，董老师对于劳动关系法律调整的改进思路、产业民主中解雇程序的认识、解雇权限制国际模式的比较评价等多个重要问题和我进行了深入探讨和交流，使我的论文质量得到了质的提升。“自由之精神，独立之人格”，我想这句话所表达的，不仅仅是一种对于学术理想的坚守，也是一种知识分子社会批判的勇气和责任。

2007 年台湾政治大学两个月的劳动法学习开启了我认

识劳动法的新视野。黄程贯、郭明政、焦兴铠三位教授的课堂讲解和学术指导使我真正意识到大陆劳动法学所面临的困难和变革趋向。尤其是黄程贯教授对于诸多劳动法细节问题的认识，让我在感叹之余也从内心增添了一份对解雇权限制问题深入研究的笃定。

华政学习的三年中，顾功耘教授、吴弘教授、郑少华教授、徐士英教授、罗培新教授在授课过程中的言传身教，使我对经济和法律的对接有了更加清晰的认识。感谢他们在潜移默化之中对我的帮助。

张骏、晋入勤、蒋辉宇、吴晓辉等同学在日常学习和生活中对我提供的帮助已无法用言语来表达。论文写作期间，他们对我很多不成熟观点的指正使这篇论文得以在持续的修正中顺利完成。

还要感谢杨杰、唐付强两位资深劳动法律师在我论文碰到瓶颈时所提供的及时的咨询意见，这些意见使我可以对解雇权在实务操作中的具体问题保持清醒的认识。好友卢扬逊和汪正对论文的校正提供了很多宝贵的意见，使我的论文在最后的“收官”阶段没有留下遗憾。

最后但并非不重要的是，妻子戴琳在我三年求学期间几乎负担起了家庭整个的经济重担，她在精神上的支撑是我完成论文的最大动力。感谢她对我以及这个家庭的付出。

李国庆

2010年5月16日夜